W0192562

Mädelsabend

KREATIVES, KUCHEN UND COCKTAILS
FÜR DIE ULTIMATIVE PARTY

HANNAH READ-BALDREY
Fotografien von Tiffany Mumford und Verity Welstead

*Dieses Buch ist allen
meinen Mädels gewidmet.*

Seit ich ein kleines Mädchen bin, genieße ich die Gastgeberrolle. Als Sommerkind war mein Geburtstag immer die perfekte Rechtfertigung für ausgedehnte Sommerpartys. Bei uns gibt es genau genommen nur zwei große Feiertage im Jahr: Weihnachten … und meinen Geburtstag. Es ist so toll, dass wir ein Esszimmer mit einem langen Esstisch darin haben (mit dem Gartentisch angestückelt). Es wird zwar etwas kuschelig und ich muss Stühle im ganzen Haus zusammensuchen und bei den Nachbarn borgen, aber so bringe ich 23 Gäste unter! Es ist eng – aber das macht einen guten Teil des Vergnügens aus!

Natürlich sind meine Freundinnen in diesem Buch vertreten; zum Glück sind die Kontakte zu meinen Schulfreundinnen nie abgerissen. Und ganz ehrlich, es gibt niemanden, mit dem ich meinen Mädelsabend lieber verbringen würde! Einige meiner schönsten Erinnerungen sind in den Wohnungen von meinen Freundinnen verortet, wo wir Filme gucken, essen und trinken, spielen und basteln, ungestört tratschen und uns die Seele aus dem Leib kichern!

Genau diese Mädelsabende haben mich zu diesem Buch inspiriert, weswegen ich klassische Mädelsabend-Spiele und die besten Rezepte für Essen und Drinks integriert habe, die sich über die Jahre herauskristallisiert haben. Und eine burlesque-infizierte Freundin, die hier nicht genannt werden möchte, verriet mir Geheimtipps, wie man die Showgirl-Quasten zielführend einsetzt.

Mit diesem Buch siedet die Stimmung bereits, bevor Ihre ersten Gäste eintreffen, und reißt den ganzen Abend nicht ab. Handgemachte Deko und hinreißende Einladungen machen die Vorbereitung zu einer Party für sich. Bei anderen Kreativanleitungen können sich auch größere Gruppen beteiligen, wie z.B. bei den heißen Schleifen-Höschen oder den entzückenden stoffbezogenen Schuhen und den wohltuenden Kosmetik- und Beauty-Anleitungen für Make-up, Haare und Fingernägel. Tun Sie Ihren Gästen etwas Gutes und kredenzen Sie etwas Feines aus dem Rezeptekapitel!

Das Beste an Ihrem Mädelsabend ist, dass Sie nicht so tief ins Portemonnaie greifen müssen und sich trotzdem jeden Luxus gönnen können, nach dem es Sie dürstet. Ihre Freundinnen werden sich wohlfühlen und Ihre Gastgeberqualitäten zu schätzen wissen. Und keine Jungs stören Ihre selige Eintracht!

So bleibt nur zu entscheiden …, wer wird alles zum Mädelsabend eingeladen?

Vorbereitung ist die Mutter der Porzellankiste
KNIGGE UND PRAKTISCHER RATGEBER

Party, die

Wortart: Substantiv, feminin
Worttrennung: Par|ty

1. zwangloses, privates Fest mit Musik und Tanz

Gastgeber einer Party zu sein macht Riesenspaß, aber es kann zu Anfang auch etwas einschüchternd sein. Deswegen zunächst einige Hinweise.

Das Wichtigste zuerst: Soll es ein heimeliger Abend in kleiner Runde werden oder eine Feier mit der ganzen Mädelsclique? Dann überlegen Sie sich, wen Sie gerne einladen würden, und ob die Gruppe harmoniert. Laden Sie nicht immer nur die üblichen Verdächtigen ein, es macht auch Spaß, zu mischen und den Weg für neue Bekanntschaften zu ebnen.

Laden Sie Ihre Gäste mindestens einen Monat vorher ein, damit sie sich das Datum vormerken können. Persönlich liebe ich schriftliche Einladungen, die mich auf postalischem Weg erreichen. Es fühlt sich persönlicher an als E-Mails oder SMS. Mit selbst gemachten Einladungen machen Sie nie etwas verkehrt.

Zwei Dinge dürfen in keiner Einladung fehlen: Ort und Zeit. Wenn Sie ein Kreativprojekt ausgesucht haben, teilen Sie Ihren Gästen die Entscheidung mit. Es ist wichtig, dass sich alle damit arrangieren können. Fügen Sie Ihrer Einladung ein u. A. w. g. hinzu.

Listen, Listen, Listen!

Eine Party auszurichten ist eine Sache der Organisation. Wenn Sie nicht mit mindestens ein, zwei Listen arbeiten, sind Sie entweder unvorbereitet oder ein Genie. Schreiben Sie alles auf, was Sie brauchen: Deko, Bastelmaterial, Beauty-Ausrüstung, Make-up-Sachen, Essen, Getränke, Filme und Musik.

Outfit

Vielleicht haben Sie gedacht, Sie können in Ihren Gammelklamotten bleiben, Sie sind ja ohnehin daheim. Oh nein! Nutzen Sie die Gelegenheit, sich richtig aufzubrezeln. Ihr Outfit hat keine Proben zu bestehen und Sie müssen auch nicht laufen – genau der richtige Moment also, ein gewagtes Outfit einmal probezutragen oder schicke Schuhe einzulaufen. Wenn Sie sich selbst für den Mädelsabend schön herrichten, macht alles gleich viel mehr Spaß, und Ihre Gäste bemerken, dass sie Ihnen etwas bedeuten.

EINE WOCHE DAVOR

Kaufen Sie das Material für die Kreativprojekte rechtzeitig. Nicht alles ist vor Ort erhältlich, vielleicht müssen Sie das eine oder andere bestellen. Planen Sie Lieferzeiten ein. Standardmaterialien und Werkzeug wie Klebepistolen, Nähmaschinen, Stoff und Scheren können Sie auch Ihre Gäste bitten, mitzubringen.

Haben Sie sich schon entschieden, was es zu essen und zu trinken gibt? Sie müssen rechtzeitig Zutaten einkaufen. Das meiste bekommen Sie in regulären Supermärkten, etwas speziellere Zutaten muss man eventuell bestellen – am besten ist es, Sie haben alles zeitig zusammen.

AM TAG DAVOR

Zuallererst überlegen Sie sich, in welchem Raum der Mädelsabend stattfinden soll. Kreativ wird man am besten in der Küche, wenn Beauty der Schwerpunkt ist, hält man sich in Bad und Schlafzimmer auf. Für Filme und Spiele ist das Wohnzimmer am besten. Sobald der Raum feststeht, schmücken Sie ihn mit einigen der Dekorationen und Wimpelketten aus diesem Buch! Können Sie das Essen am Vortag vorbereiten? So sparen Sie sich jede Menge Stress. Die Rezepte sind extra dafür ausgesucht, dass sie sich (fast alle) am Vortag zubereiten lassen.

Wird es Cocktails geben? Bereiten Sie eine kleine Heimbar vor, indem Sie einen Beistelltisch mit einer Mülltüte abdecken und erst dann eine Tischdecke darüberlegen. So vermeiden Sie, dass es allzu nass und klebrig wird.

Haben Sie ausreichend Sitzgelegenheiten? Wenn nicht, leihen Sie welche von Ihren Nachbarn oder Freunden.

Am Tag des Mädelsabends

Ich liebe diesen Moment, kurz bevor meine Gäste eintreffen. Alles steht in den Startlöchern, ich nippe an einem leckeren Getränk und entspanne mich noch ein paar Minuten. Ab diesem Zeitpunkt ist nur noch Spaß angesagt. Und Sie wissen schon, wenn jemand Hilfe anbietet, sagen Sie guten Gewissens ja!

PERFEKTE PARTY-CHECKLISTE

* In welchem Raum findet der Mädelsabend statt?

* Ist alles aufgeräumt, sauber und einladend?

* Soll ein besonderer Raum dekoriert werden?

* Welches Kreativprojekt wird gemacht und sind alle Materialien vorhanden?

* Werden Beauty-Ideen umgesetzt?

* Welche Rezepte werden gekocht und/oder gebacken?

* Welche Cocktails werden serviert?

* Welche Musik soll laufen?

* Werden Partyspiele gespielt?

Party-
EINLADUNGEN

ZU JEDER GROSSARTIGEN PARTY GIBT
ES EINE EINLADUNG – und weil
der erste Eindruck zählt, laden
Sie Ihre Gäste mit einer dieser
stilvollen und individuellen
Karten ein.

SCHUH

MATERIAL
Gemusterter Karton, 26 cm x 13 cm
2 Stück Karton für den Rand, 13 cm x 5 cm
Klebstoff
Locher
5 mm breites Schleifenband, 50 cm lang

Falten Sie den großen Karton in der Mitte, und Sie
erhalten ein 13 cm großes Quadrat. Die gemusterte
Seite liegt oben. Übertragen Sie den Schuh von Seite
176 auf den Karton, sodass die Ferse des Schuhs am
Falz des Kartons anliegt, und schneiden Sie den
Schuh aus.

Verwenden Sie die Schuhschablone, um den Rand
für den Schuh aus dem kleineren Karton auszu-
schneiden. Kleben Sie den Rand auf beide Seiten
Ihrer Schuh-Karte.

Mit dem Locher stanzen Sie an markierter Stelle
Löcher in die Karte (etwa 1 cm Abstand).

Schreiben Sie Ihren Einladungstext in das Innere der
Karte. Binden Sie die Schuhe und verknoten Sie die
Bänder oben am Schuh mit einer kleinen Schleife.

COCKTAIL

MATERIAL

2 Kartonbogen in leuchtendem Gelb und Hellgelb,
  7 cm x 4 cm
Auswahl an gemustertem Karton für den Trinkhalm
  und das Schirmchen
14,5 cm großes Quadrat Transparentpapier
Farbloser Klebstoff
Zahnstocher
Blassblauer Karton, 12 cm x 6,5 cm

Unter Zuhilfenahme der Schablonen auf Seite 177 schneiden Sie das Zitronenscheibchen aus dem leuchtend gelben Karton und die Zitronenschale aus dem hellgelben aus. Schneiden Sie dann den Trinkhalm und zweimal das Schirmchen aus dem gemusterten Karton aus.

Das Glas entsteht, indem Sie das Transparentpapier in der Mitte falten. Falten Sie das Papier wieder auf und schneiden Sie 5 mm am kurzen Ende der einen Hälfte, sowie an der langen Seite derselben Hälfte weg. Falten Sie das Blatt dann wieder in der Mitte und klappen Sie die überstehenden Ränder an den Seiten auf die Rück- bzw. Vorderseite, sodass das Blatt zu einer Tasche geschlossen wird. Kleben Sie die Überschläge an.

Das Zitronenscheibchen entsteht, indem Sie die Schale an den Außenrand des Schnitzes kleben und mit Buntstift behutsam die Segmente des Fruchtfleischs andeuten.

Stellen Sie das Schirmchen her, indem Sie einen Schirmchen-Zuschnitt vor sich legen, einen Tropfen Klebstoff in seine Mitte geben und den Zahnstocher mit einer Spitze hineinlegen. Darauf kleben Sie die andere Hälfte des Schirmchens. Bei beiden Teilen zeigt die gemusterte Seite nach außen.

Kleben Sie Trinkhalm, Schirmchen und Zitronenscheibe an den oberen Rand der blassblauen Karte. Schreiben Sie Ihre Nachricht auf die Rückseite und schieben Sie die Karte dann in das Glas.

Flatterrock

MATERIAL

Einfarbiges Papier für das Top, 5 cm x 4 cm
Gemustertes Bastelpapier für den Rock, 15 cm x 6 cm
DIN-A4-Karton oder fertige Karten in blanko
Klebstoff

Mithilfe der Schablone von Seite 176 schneiden Sie das Top aus. Falten Sie es in der Mitte. Das gemusterte Papier falten Sie längs in 1-cm-Schritten zu einem Fächer.

Falten Sie den A4-Bogen zu einer Karte. Zeichnen Sie auf jede Hälfte ein Bein.

In der oberen Hälfte der Karte platzieren Sie das Top so, dass der Falz des Tops im Falz der Karte zu liegen kommt. Den Flatterrock richten Sie am Top aus. Fassen Sie die Fältelung so zusammen, dass ein A-Linien-Rock entsteht. Wenn Ihnen die Anordnung gefällt, kleben Sie zuerst den Rock an beiden Seiten fest, dann das Top. Hinten auf die Karte schreiben Sie Ihre Nachricht.

Pompon-
DEKO

MATERIAL

Runder Papierlampenschirm oder
 -lampion, Ø 20,5 cm
Bastelfilz, 1,5 m x 1,5 m
Stoffschere
Heißklebepistole

DIESE HÜBSCHEN VERZIERDINGER VERSPRÜHEN IN JEDEM RAUM IHREN CHARME! Sie sind wirklich leicht herzustellen und können am Tag zuvor gebastelt werden. Sie können gleich mehrere anfertigen und sie zusammen mit bunten Papierlaternen und anderen Rüschen-Dekorationen zu einer Form- und Farben-Verzückung arrangieren!

Stabilisieren Sie die Papierlampe im Inneren, wie vom Hersteller vorgesehen.

Dritteln Sie den Bastelfilz. Mit einer kleinen Teetasse als Schablone zeichnen Sie Kreise auf den Filz. Schneiden Sie so viele Kreise wie möglich aus. Als Alternative zur Tasse kann der größte der Kreise unten auf der Seite als Schablone dienen.

Die Blüten werden folgendermaßen hergestellt: Geben Sie etwas Klebstoff in die Mitte jedes Filzkreises und falten Sie ihn zu einem Halbkreis. An der geraden Kante des Halbkreises tragen Sie noch etwas Klebstoff auf und falten den Halbkreis zu einem Viertel zusammen.

Auf die Faltkanten des Filzviertels tragen Sie Klebstoff auf und befestigen diese nach und nach an der Papierlampe. Sie fangen am besten oben an und arbeiten sich nach unten vor, bis alles mit Blüten bedeckt ist. Am Schluss füllen Sie eventuelle Lücken mit einzelnen Blüten aus.

Vorsicht: Je nach Größe der Papierlampe brauchen Sie unterschiedlich große und viele Filzkreise. Der lila Kreis nebenan ist also nur als Richtwert zu verstehen.

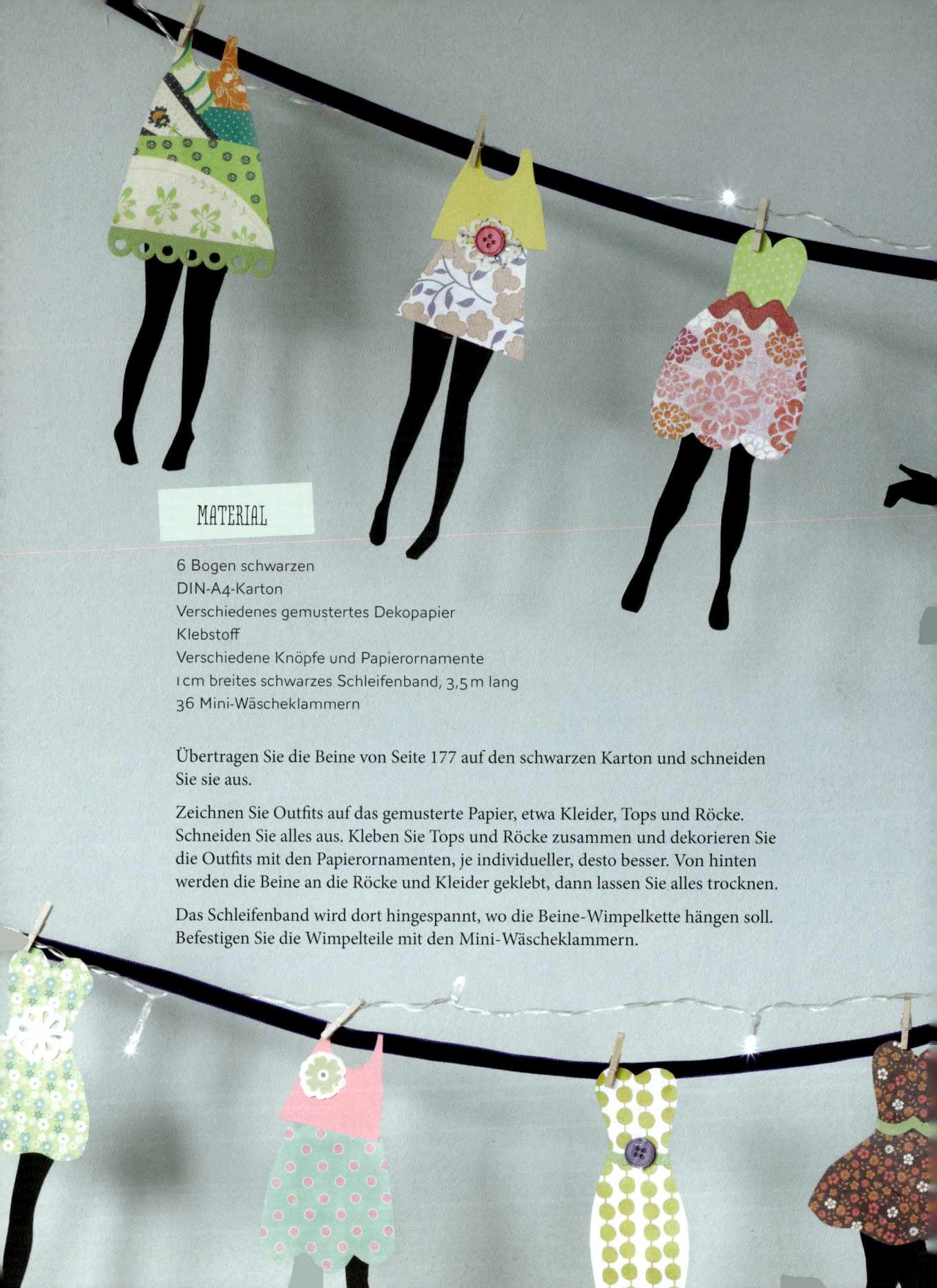

MATERIAL

6 Bogen schwarzen
DIN-A4-Karton
Verschiedenes gemustertes Dekopapier
Klebstoff
Verschiedene Knöpfe und Papierornamente
1 cm breites schwarzes Schleifenband, 3,5 m lang
36 Mini-Wäscheklammern

Übertragen Sie die Beine von Seite 177 auf den schwarzen Karton und schneiden
Sie sie aus.

Zeichnen Sie Outfits auf das gemusterte Papier, etwa Kleider, Tops und Röcke.
Schneiden Sie alles aus. Kleben Sie Tops und Röcke zusammen und dekorieren Sie
die Outfits mit den Papierornamenten, je individueller, desto besser. Von hinten
werden die Beine an die Röcke und Kleider geklebt, dann lassen Sie alles trocknen.

Das Schleifenband wird dort hingespannt, wo die Beine-Wimpelkette hängen soll.
Befestigen Sie die Wimpelteile mit den Mini-Wäscheklammern.

ERGIBT
3,5 M

Beine-
WIMPEL

DIESE HINREISSENDE WIMPELKETTE ist perfekt für einen Mädelsabend und eine erfrischende Abwechslung zu den üblichen Dreicken.

EISBRECHER-
KNALLBONBONS

BRINGEN SIE DIE GESPRÄCHE IN FAHRT – mit diesen witzigen und schicken Knallbonbons, in denen sich auch individuell zugeschnittene Fragen befinden können.

ERGIBT
1

MATERIAL

Dünner Karton in blanko, 10 cm x 10 cm
Klebstoff
Dünner Karton in blanko, 7 cm x 3 cm
Kleine Süßigkeit (wahlweise)
Krepppapier-Quadrat, 22 cm Seitenlänge
Zündstreifen für Knallbonbons
Schmales Schleifenband oder Schnur,
   30 cm lang
2 Sorten gemustertes Dekopapier
   (wahlweise)

Rollen Sie den quadratischen Karton zu einer Rolle und kleben Sie sie zusammen.

Schreiben Sie den Eisbrecher auf ein kleines Stück Karton und schieben Sie ihn in die Rolle. Sie können auch noch eine kleine Süßigkeit dazulegen.

Das Krepppapier wird auf beiden Seiten von außen an der Rolle befestigt. Verwenden Sie dazu etwas Klebstoff, lassen Sie aber beide Seiten offen.

Den Zündstreifen fädeln Sie in der Mitte durch die Rolle, die Enden werden mit dem Band befestigt, mit dem Sie die Rolle verschnüren. Auf jeder Seite misst es 15 cm. Überstehendes schneiden Sie ab.

Dekorieren Sie das Knallbonbon mit Dekopapier, wenn Sie möchten.

Auf jeden Platz legen Sie ein Knallbonbon.

EISBRECHER

* Was ist das Ausgefallenste, das Du jemals gegessen hast? Würdest Du es noch einmal essen?

* Sage allen in der Runde, was Du für deine beste persönliche Eigenschaft hältst. Dann sagen alle anderen, was sie für Deine beste Eigenschaft halten.

* Frage an alle: Wenn Du auf einer einsamen Insel leben würdest, welches Make-up-Utensil, welches Kleidungsstück und welches Nahrungsmittel wären überlebenswichtig?

* Wenn Du 10 Millionen Euro gewinnen würdest, was würdest Du damit machen? (Und nein, gespendet wird nicht!)

* Name der Person, die Dir Deinen ersten Kuss gegeben hat – wo warst Du und wie alt warst Du?

* Wenn Du hättest wählen dürfen – wie hättest Du gerne geheißen?

* Wenn Dein Leben verfilmt würde, welche berühmte Schauspielerin würde Dich spielen und welcher berühmte Schauspieler stünde an Deiner Seite?

* Wenn Du drei Wünsche frei hättest, welche wären es?

Kreativprojekte

Diese fabelhafte Auswahl kostbarer Lieblingsstücke nur für Mädchen lässt sich wunderbar bei einem Schnack, bei einem köstlichen Getränk und ein, oder besser gleich zwei Kuchen selbst anfertigen. Es sind so viele himmlische Ideen, dass es gewiss schwierig ist, eine auszusuchen. Die mordsschicke Wimpel-Halskette, den Schmetterlingsanhänger für Ihre Tasche oder die Schmetterlingsmaske stellen Sie bestimmt in einer Stunde fertig, wohingegen die Geschirrtücher mit Pin-up-Girl, der einfache Rock oder die entzückenden stoffbezogenen Schuhe etwas mehr Zeit benötigen. Es kann sein, dass Ihre Mädels unterschiedlich geschickt im Basteln sind, deswegen suchen Sie am besten ein Projekt aus, das jede bewältigen kann.

Heiße Schleifen-
HÖSCHEN

ERGIBT
1

MATERIAL

Seidenquadrat, Seitenlänge 50 cm
Feine Stecknadeln
Stoffschere
2,5 m Gummiband, 5 mm breit
1,2 m nicht ausfransendes Band, 1,5 cm breit
Farblich passendes und kontrastierendes
  Nähgarn

GRÖSSE	MASSE
UK 8–10 (D 34, 36)	88–92 cm
UK 10–12 (D 36, 38)	93–97 cm
UK 12–14 (D 40, 42)	98–102 cm
UK 14–16 (D 42)	103–107 cm
UK 16–18 (D 44, 46)	108–112 cm

DAS SCHNITTMUSTER ANPASSEN

Messen Sie als erstes Ihren Hüftumfang. Legen
Sie dafür das Maßband am mittleren Punkt der
Hüftbeine um Ihre Hüften. Sie können sich auch
anhand der Tabelle oben einen Überblick über
Konfektionsgrößen und die damit verbundenen
Maße verschaffen.

Die Anleitung in diesem Buch geht von der Größe UK
12, D 38/40 aus. Der Hüftumfang für die Größe UK
12, D 38/40 beträgt 100 cm. Teilen Sie diese Abmessung
durch vier (dies entspricht der Unterteilung des Schnitt-
musters in Viertel) und addieren Sie weitere 2 cm für die
Rüschen.

Also:
100 cm (Hüftumfang) ÷ 4 = 25 cm
25 cm + 2 cm (Rüschen) = 27 cm

Das heißt, Sie müssen die Bundweite der Vorlage auf
Seite 178 auf 27 cm vergrößern. Die übrigen Teile sind
damit proportional. Schneiden Sie die Schnittmuster aus.

Stecken Sie die Schnittmusterteile mit feinen Stecknadeln
an der Seide fest, nachdem Sie sie zunächst behutsam
bedampft haben. Schneiden Sie die vorher eingeschlage-
ne Seide auf einem sauberen ebenen Tisch. Dabei sollten
Sie an allen Kanten 1,5 cm Nahtzugabe zugeben. Achten
Sie darauf, dass die Seide nicht verrutscht. Gehen Sie für
den Doppelsaum folgendermaßen vor: zweimal 7 mm
Stoff längs dem Beinausschnitt und der Bundkante der
hinteren und vorderen Teilstücke nach innen falten und
bügeln (1). Mit dem farblich passenden Garn feststeppen.

1

2

Legen Sie einen der Zwickel an das vordere Teilstück. Die rechten Seiten liegen einander gegenüber und die Schnittkanten aneinander (2). Legen Sie den zweiten Zwickel an das vordere Teilstück. Diesmal liegt die rechte Seite des Zwickels der linken Seite des vorderen Teilstücks gegenüber, die Schnittkanten liegen wieder aneinander. Die Unterkante des vorderen Teilstücks liegt nun zwischen den beiden Zwickeln eingekeilt. Nähen Sie alles mit einer Nahtzugabe von 1,5 cm zusammen. Bügeln Sie die Säume auseinander.

Legen Sie das vordere Teilstück samt Zwickel mit der rechten Seite nach oben auf den Tisch. Drehen sie die beiden Zwickel so, dass die linke Seite nach oben zeigt, während das vordere Teilstück an Ort und Stelle verbleibt (3). Legen Sie das hintere Teilstück zwischen die beiden Zwickel, mit der rechten Seite nach oben. Nähen Sie alles mit einer Nahtzugabe von 1,5 cm zusammen. Bügeln Sie die Säume auseinander.

3

Schlagen Sie die Nahtzugabe an den Rändern der Zwickel ein und bügeln Sie sie. Steppen Sie diese Ränder zusammen.

Nähen Sie das Gummiband im Abstand von 1 cm vom Rand mit dem farblich kontrastierenden Garn im Zickzackstich an den Schlüpfer. Beginnen Sie dabei an der oberen rechten Ecke des vorderen Teilstücks. Ziehen Sie während des Nähens etwas am Gummiband, um den Rüschen-Effekt hervorzurufen. Vorzugsweise verwenden Sie einen schweren Fuß an Ihrer Maschine, da sich der Zickzackstich üblicherweise ein wenig hin und her bewegt. Wiederholen Sie den Vorgang für alle Beinausschnitte und die Bundkanten.

4

Heften Sie zum Abschluss von innen 30 cm Band an jeden seitlichen Rand am vorderen und hinteren Teilstück. Schlagen Sie jeden seitlichen Rand ein und bügeln Sie ihn zweimal. Nähen Sie die Säume abschließend fest (4). Entfernen Sie die Heftfäden. Binden Sie mit den Bändern an beiden Seiten Schleifen.

SHOPPING-TASCHEN-PACKEN

BEWEISEN SIE, DASS SIE EIN GEDÄCHTNISWUNDER SIND, WENN ES UM EINKAUFSLISTEN FÜR MODISCHE MUST-HAVES GEHT!

Die Spieler sitzen einander im Kreis gegenüber. Lassen Sie den Zufall entscheiden, wer anfängt.

Der erste Spieler sagt: „Als ich shoppen war, kaufte ich …", und fügt einen Artikel ans Ende, z. B. „… ein Paar Schuhe."

Der zweite Spieler wiederholt darauf: „Als ich shoppen war, kaufte ich ein Paar Schuhe …", und fügt ebenso einen weiteren beliebigen Artikel ans Ende, z. B. „… eine Banane."

Der dritte Spieler wiederholt darauf: „Als ich shoppen war, kaufte ich ein Paar Schuhe, eine Banane …", und fügt einen weiteren Artikel ans Ende, z. B. „… und einen Raumfahrer."

So setzt es sich reihum fort, während weitere und weitere Artikel hinzukommen. Vergisst ein Spieler einen der Artikel oder sagt sie in der falschen Reihenfolge her, ist er aus dem Spiel, und die verbliebenen Spieler machen weiter, bis ein Sieger übrig bleibt. Sie können das Spiel ein wenig aufpeppen, etwa mit der Auflage, dass bei einem Fehltritt ein Löffel Babynahrung gegessen, in eine Chilischote gebissen oder ein Schnapsglas getrunken werden muss.

TIPP: Stellen Sie sich die gekauften Artikel bildlich vor, dann können Sie sich sie leichter merken!

BLING-BLING-GLITZERRING

MATERIAL

0,8 mm dünner Schmuckdraht
Ringdorn oder der Stiel eines
    Holzlöffels (dieser muss etwas
    dicker als Ihr Finger sein)
Beißzange
0,4 mm dünner silberfarbener
    Schmuckdraht, 10 cm lang
Glasperlen und Strass
Flachzange

„DIAMONDS ARE A GIRLS BEST FRIEND", sagte Marilyn Monroe. Die Diamanten hier sind leider nicht echt, funkeln und glitzern aber mindestens genauso schön.

Wickeln Sie den 0,8 mm dünnen Draht drei- bis viermal um den Ringdorn. Überprüfen Sie das Ergebnis an Ihrem Finger – der Ring sollte ein bisschen locker sitzen, da sich seine Größe nach Hinzufügen des Strass verkleinern wird. Kürzen Sie den Draht, bis ungefähr 2,5 cm Länge an beiden Seiten zurückbleibt, und wickeln Sie die Enden zum Befestigen zwei- bis dreimal straff um die Ringform. Schneiden Sie überstehenden Draht ab, damit der Ring bündig abschließt.

Wickeln Sie den 0,4 mm dünnen Draht zwei- bis dreimal straff um einen der Verknüpfungspunkte des Rings.

Fädeln Sie zwei Perlen auf den Draht und wickeln Sie diesen zum Befestigen ein paarmal um den Ring. Wiederholen Sie den Vorgang für weitere Perlen und Strass, bis Sie mit Ihrem Design zufrieden sind.

Wickeln Sie abschließend den dünneren Draht auch zur anderen Seite des mit Strass besetzten Abschnitts um den Ring. Schneiden Sie überstehenden Draht ab und quetschen Sie mit einer Flachzange die scharfen Enden zu den Perlen hin.

Fascinator
MIT FILZBLÜTEN

ERGIBT 1

MATERIAL

Heißklebepistole
Handelsüblicher Kamm
Fascinator-Basis
Auswahl an Filz in verschiedenen Farben
Auswahl an großen und kleinen
   Schmucksteinen und Knöpfen
   (wahlweise)

Ziehen Sie oben am Kamm, entlang des flachen Rands, eine Klebelinie und befestigen Sie ihn an der Unterseite der Fascinator-Basis, bevor Sie mit dem Dekorieren beginnen. Lassen Sie den Fascinator trocknen, während Sie die Blüten und Blätter aus Filz herstellen.

Am besten entwerfen Sie das Design, bevor Sie mit der Herstellung der Blüten und Blätter beginnen. Sobald Ihre Dekoration feststeht, stellen Sie die Blätter und Blüten entsprechend der Schritte auf den Seiten 26–27 her. Ordnen Sie die Blumen auf dem Fascinator an, und geben Sie, sowie Sie mit dem Design zufrieden sind, etwas Kleber auf die Unterseite der Blüten und Blätter und drücken Sie sie fest an. Geben Sie dem Kleber etwa 30 Minuten zum Trocknen.

WO KANN MAN DIESEN HUT KAUFEN?

WO KANN MAN DIESEN HUT KAUFEN?

HUTMACHEREI FINDE ICH WIRKLICH HOCHINTERESSANT. FÜR AUSGEFALLENE EXEMPLARE KANN ICH MICH BEGEISTERN, UND HIER UND DA INTEGRIERE ICH DEN EINEN ODER ANDEREN HUT IN EINES MEINER FOTO-SHOOTINGS. Der Fascinator mit Filzblüten ist perfekt für besondere Anlässe wie Hochzeiten oder Mottopartys.

DIE BLUMEN

Um eine weit geöffnete Rose herzustellen, brauchen Sie zwei kleine tränenförmige Stücke für die innere Schicht, drei mittelgroße für die mittlere und vier große Stücke für die äußere Schicht. Setzen Sie einen Klecks Kleber unten auf jedes Blütenblatt und kneifen Sie die Seiten nach innen, um einzelne, gewölbte Blütenblätter zu erhalten (1). Fangen Sie mit den kleinen Blütenblättern an und arbeiten Sie sich zu den großen vor. Setzen Sie jedes Blütenblatt schräg unterhalb des vorigen an und kleben Sie die aneinandergehaltenen Stiele zusammen (2). Es entsteht eine plastische, geöffnete Blüte (3).

Für ein Gänseblümchen müssen Sie fünf bis sechs identische, spitz zulaufende ovale Gebilde ausschneiden. Setzen Sie der Reihe nach einen Klecks Kleber unten auf jedes Blütenblatt und kneifen Sie die Seiten nach innen, damit sie unten spitz zulaufen (4). Kleben Sie die Stiele seitlich aneinander, eins neben dem anderen. Die Falten zeigen nach innen (5). Kleben Sie je nach Laune einen Schmuckstein oder einen Knopf in die Mitte.

Schneiden Sie für eine einfache Rose einen 2–3 cm breiten Streifen Filz aus – 5 cm lang für eine kleine Blüte und 8 cm für eine große. Ziehen Sie unten am Rand eine Klebelinie entlang der ganzen Länge und rollen Sie den Streifen etwas schief zusammen, sodass der äußere Rand etwas höher liegt als die Mitte der Rolle.

Stellen Sie so viele Blumen her, wie Sie für Ihren Fascinator benötigen. Blätter eignen sich gut zum Füllen kleiner Löcher auf Ihrem Fascinator. Schneiden Sie also eine Blattform aus, setzen Sie einen kleinen Klecks Kleber auf die Unterseite des Blatts und befestigen Sie es.

ROSE   GÄNSEBLÜMCHEN

GESCHIRR-
TUCH
mit Pin-up-Girl

GESCHIRRTUCH
mit Pin-up-Girl

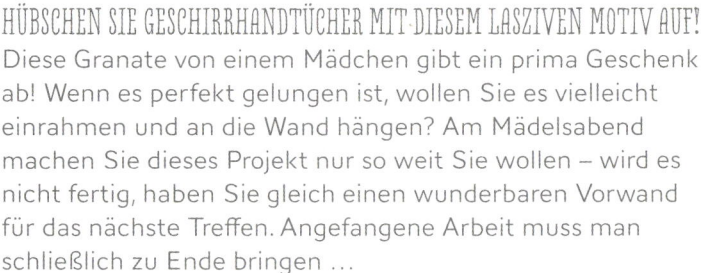

ERGIBT
1

MATERIAL

Weißes Papier

Weißes Geschirrtuch, sauber und
  gebügelt

Stoffmarker

Leuchtkasten (wahlweise)

Großer Stickrahmen

Auswahl an Stickgarn

Sticknadel

HÜBSCHEN SIE GESCHIRRHANDTÜCHER MIT DIESEM LASZIVEN MOTIV AUF!
Diese Granate von einem Mädchen gibt ein prima Geschenk ab! Wenn es perfekt gelungen ist, wollen Sie es vielleicht einrahmen und an die Wand hängen? Am Mädelsabend machen Sie dieses Projekt nur so weit Sie wollen – wird es nicht fertig, haben Sie gleich einen wunderbaren Vorwand für das nächste Treffen. Angefangene Arbeit muss man schließlich zu Ende bringen …

Zeichnen Sie anhand der Vorlagen auf den Seiten 178–179 die Motive auf Ihr Trockentuch. Pausen Sie dafür zunächst die Motive auf ein Blatt Papier durch. Breiten Sie dann das Trockentuch über das Papier und zeichnen Sie mit dem Stoffmarker die Motive nach – auf einem Leuchtkasten geht es gleich leichter von der Hand.

Spannen Sie das Trockentuch im Stickrahmen ein und straffen Sie den Stoff. Damit fällt das Besticken bedeutend leichter.

Sticken Sie das Muster mit einem einfachen Steppstich in den von Ihnen gewählten Farben ein. Schneiden Sie überstehende Fäden ab.

TIPP: Kaufen Sie die Trockentücher bei einem Gastronomiebedarf. Dort sind sie günstiger und Sie können für einen Mädelsabend zum Thema Stickereien gleich en gros einkaufen.

LESEzirkel

DIESE BÜCHER ZÄHLEN ZU MEINEN LIEBLINGSBÜCHERN UND LASSEN SICH PRIMA BESPRECHEN. IM IDEALFALL HABEN SIE ALLE STARKE WEIBLICHE FIGUREN, DIE IN ERINNERUNG BLEIBEN.

GUTE GEISTER *von Kathryn Stockett*

Die Handlung spielt in Mississippi, im Jahre 1962. Die Rassentrennung ist immer noch gängige Praxis, doch werden weiße Kinder von schwarzen Kindermädchen erzogen. Im Mittelpunkt des Romans stehen die Erlebnisse von Aibileen und Minny, zwei schwarzen Kindermädchen, und Skeeter, einem jungen, aufstrebenden Schriftsteller. Ein geheimes Vorhaben wird der Schnittpunkt ihrer Lebenswege und setzt sie großen Gefahren aus.

EIN KROKODIL FUR MMA RAMOTSWE *von Alexander McCall Smith*

Dieses bezaubernde Werk ist das erste in einer Reihe von 13 Büchern, die Sie auf jeden Fall in der richtigen Reihenfolge lesen sollten. Die liebreizende Ramotswe ist die beste und einzige Privatdetektivin in Botswana. Als Frau im traditionellen botsuanischen Stil gehen sie und ihr Assistent einer Unzahl von Geheimnissen auf unkonventionelle und oft urkomische Weise auf den Grund.

DIE BÜCHERDIEBIN *von Markus Zusak*

Der Tod stellt den Erzähler dieses Buchs, dessen Handlung in Nazideutschland während des zweiten Weltkriegs spielt. Ein junges Mädchen namens Liesel stiehlt das Handbuch eines Totengräbers, und ihr Schicksal nimmt mit dieser Tat eine grausame und überraschende Wendung nach der anderen. Ich las das Ende der Geschichte im Zug, auf dem Weg zur Arbeit, und musste heulen.

Das karmesinrote Blütenblatt
von Michel Faber

Sugar ist eine verführerische, neunzehnjährige Hure im viktorianischen London. Das Kernstück des Romans ist das fesselnde Bemühen einer jungen Frau, ihren Körper und ihre Seele aus der Gosse zu holen. Dieser dicke und pikante Roman ist Pflichtlektüre und wird Sie entzücken, bezaubern, herausfordern und unterhalten.

Der Nachtzirkus *von Erin Morgenstern*

Im Jahre 1886 taucht mitten in der Nacht ein rätselhafter Wanderzirkus aus dem Nichts auf. Der Zirkus der Träume ist kein alltäglicher Anblick. Es geht um die verzwickte Beziehung zwischen zwei jungen Magiern, Celia, Tochter des einen Zauberers, und Marco, Schüler des anderen. Auf Geheiß ihrer zwielichtigen Lehrmeister stehen sie in tödlichem Wettbewerb, um die Grenzen ihrer Vorstellungskraft und ihrer Liebe zu erproben.

FREEZER-PAPER T-SHIRTS

ERGIBT 1

MATERIAL

1 Rolle Freezer-Paper
T-Shirt oder Top aus Baumwolljersey, gewaschen und gebügelt
Bleistift
Cutter und Schneidematte
Bügeleisen
Altes Zeitungspapier
Textilfarben in verschiedenen Farben
Alte Schüssel
Mittelgroßer Schablonierpinsel
Aufbügelbarer Strass oder Hot-Fix-Strass mit Applikator (wahlweise)

AN IHNEN IST EIN T-SHIRT-DESIGNER VERLOREN GEGANGEN? Mit dieser Technik zaubern Sie sauber und eindrucksvoll Ihre Lieblingsmotive auf Kleidung, ganz ohne teuren und aufwendigen Siebdruck.

Wählen Sie Ihr Design. Nehmen Sie entweder die Motive auf Seite 179 her oder fertigen Sie Ihre eigene Illustration auf einem Blatt Papier an. Für Sterne können Sie die Motive auf Seite 180 verwenden.

Schneiden Sie ein Stück Freezer-Paper ab, das genauso lang ist wie Ihr T-Shirt breit. Legen Sie das Freezer-Paper mit der glänzenden Seite nach unten auf das gewählte T-Shirt-Design und fahren Sie alle Designelemente auf der stumpfen Seite des Papiers nach. Schneiden Sie das Design mit einem Cutter auf einer Schneidematte aus.

Richten Sie das Stück Freezer-Paper auf dem T-Shirt aus – die glänzende, klebende Seite des Papiers muss nach unten zeigen. Bügeln Sie mit einem warmen Bügeleisen ohne Dampf über das Papier, sobald es an der richtigen Stelle liegt. Nehmen Sie sich Zeit. Sie müssen sicherstellen, dass alle Ränder fest am Stoff haften, ansonsten droht die Farbe zu verlaufen.

Legen Sie etwas Zeitungspapier in Ihr T-Shirt, damit die Farbe nicht bis zur Rückseite durchsickert. Wählen Sie am besten Farben, die dunkler als der Stoff sind, damit das Design scharf umrissen bleibt. Geben Sie etwas Farbe in eine alte Schüssel und tragen Sie diese mit einem Schablonierpinsel auf das Design auf. Lassen Sie es mindestens fünf Minuten lang trocknen. Tragen Sie nach dem Trocknen eine weitere Farbschicht auf, um eine gleichmäßige Schicht zu gewährleisten.

Lassen Sie die Farbe entsprechend den Anweisungen des Herstellers vollständig trocknen, bevor Sie das Freezer-Paper abziehen.

Wenn Sie wollen, können Sie jetzt Strass aufbügeln oder mit einem Applikator anbringen, um dem Design noch das gewisse Etwas zu verleihen.

Einfacher ROCK

ERGIBT
1

MATERIAL

2,5 cm breites Gummiband, hüftlang,
   zusätzlich 1,5 cm Nahtzugabe
Stoffschere
Der von Ihnen gewählte Stoff (für die
   Menge die Anweisungen beachten)
Passendes Garn
Stickgarn und -nadel (wahlweise)

DIE RICHTIGEN GRUNDMASSE FINDEN

Weite Falls Sie einen dünnen Stoff verwenden, sollte das Stück Stoff das doppelte Maß Ihres Hüftumfangs haben. Bei dickerem, schwererem Stoff genügt das 1,5-fache Maße Ihres Hüftumfangs. Rechnen Sie 5 cm Nahtzugabe zur Weite des Rockes hinzu.

Länge Das Tolle an diesem Design ist, dass Sie den Rock so lang bzw. kurz machen können, wie Sie wollen. Die Orientierung weiter unten wird Ihnen helfen, die gewünschte Länge zu finden. Rechnen Sie danach 16,5 cm für Saum, Rockbund und Nahtzugabe hinzu.

Auf der folgenden Seite finden Sie Anweisungen zur Berechnung Ihrer genauen Maße.

So kurz wie möglich
Messen Sie von Ihrer Taille bis zur Mitte Ihres Oberschenkels.

So lang wie möglich
Eines der Mädels sollte Ihnen dabei helfen, da Sie von Ihrer Taille bis zum Boden messen müssen.

Knielänge
Messen Sie von Ihrer Taille bis kurz oberhalb der Knie.

Ein bisschen Mathe muss sein …

Die gegebenen Anweisungen sind für einen knielangen Rock aus dünnem Stoff. Ich habe meine Maße genommen; ersetzen Sie die Zahlen durch Ihre eigenen.

WEITE

Mein Taillenumfang beträgt 71 cm.
Die Weite meines Stoffes sollte daher 2 x 71 cm + 5 cm Nahtzugabe sein.
Die Gesamtweite ist damit: 147 cm.

LÄNGE

Von der Taille bis zu den Knien sind es bei mir 53,5 cm.
Die Länge meines Stoffes sollte daher 53,5 cm + 5 cm für den Saum, 6,5 cm für den Rockbund und 5 cm für die Nahtzugabe sein.
Die Gesamtlänge ist damit: 70 cm.

Demzufolge müssen Sie Ihren Stoff zu einem Rechteck mit den Maßen 147 cm (Weite) x 70 cm (Länge) zurechtschneiden.

Messen Sie Ihren Elastischen Rockbund, indem Sie sich das Gummiband um Ihre Taille legen und etwas daran ziehen – es soll nicht fest anliegen, nur ein wenig spannen. Rechnen Sie 1,5 cm für die Nahtzugabe hinzu und schneiden Sie es auf Länge.

Bügeln Sie Ihren Stoff und schneiden Sie ihn entsprechend den links gezeigten Berechnungen zurecht. Legen Sie Ihren Stoff der Länge nach auf die Hälfte rechts auf rechts zusammen und vernähen Sie den seitlichen Saum in gerader Linie. Lassen Sie 2,5 cm Nahtzugabe stehen.

Schlagen Sie den unteren Rand 2,5 cm hoch und bügeln Sie eine Falte ein. Die linke Seite des Rocks liegt dabei weiterhin außen. Schlagen Sie weitere 2,5 cm hoch und nähen Sie den Saum vorsichtig fest.

Klappen Sie am oberen Rand 2,5 cm nach unten und bügeln Sie darüber, um den Rockbund anzulegen. Klappen Sie weitere 4 cm nach unten und bügeln Sie erneut. Fangen Sie etwa 5 mm vom unteren Ende des gefalteten Rands zu nähen an, um einen Kanal zwischen oberem Rand und Naht zu bilden. Fangen Sie an, das Gummiband durch den Kanal zu fädeln und nähen Sie dann weiter. Gehen Sie in gleicher Weise vor: ein wenig nähen, dann ein wenig Gummiband durchfädeln. Achten Sie darauf, dass Sie das Gummiband nicht an den Rock nähen. Sobald Sie fast der ganzen Länge nach genäht haben, vernähen Sie mit 1,5 cm Überlappung die beiden Enden des Gummibands und nähen Sie dann den restlichen Kanal zu.

Bügeln Sie den Rock der Länge nach mit einem sehr heißen Bügeleisen. Bedampfen Sie den gerafften Rockbund, bis er flach liegt. Sie können den Rock unbearbeitet lassen oder ihn mit einem der auf den Seiten 180–181 gezeigten Motive besticken. Verwenden Sie hierfür einen Steppstich und einfache, lange und gerade Stiche.

BEVOR ICH ANFING, DIESES BUCH ZU SCHREIBEN, HABE ICH ALLE MEINE MÄDELS GEFRAGT, ZU WELCHEM KREATIVPROJEKT SIE SICH EINE ANLEITUNG WÜNSCHEN. Die meisten haben sich Kleidung gewünscht, also habe ich diesen vielseitigen und einfach zu nähenden Rock ausgesucht, der auf die individuell gewünschte Länge gekürzt und mit Stickmotiven verziert werden kann.

Tipp

TRAGEN SIE
ZU DEM ROCK
EINEN
SCHMALEN
GÜRTEL

FOTOkabine!

SIE HABEN SICH DOCH AUCH SCHON EINMAL GEFRAGT, WIE IHNEN EIN SCHICKER MOUSTACHE ODER EINE 1950ER-JAHRE-BRILLE STEHEN WÜRDE, NICHT WAHR? Die Gelegenheit, es auszuprobieren, ist jetzt gekommen! Und gibt es etwas Schöneres, als sich mit den Mädels schick zu machen und herumzualbern? Niemals, sage ich Ihnen!

Die Requisiten können im Vorfeld oder zusammen mit den Mädels angefertigt werden.

Übertragen Sie die Vorlagen auf Seite 181 auf Karton und schneiden Sie sie aus. Sie können, wenn Sie wollen, auch eigene Requisiten entwerfen und sie mit Pailletten und Schmuck verzieren.

Befestigen Sie die Dübelstangen mit der Heißklebepistole auf der Rückseite jedes Requisits. Legen Sie diese auf einen Tisch oder stellen Sie sie in eine Vase, dann sind sie schnell zur Hand.

MATERIAL

Karton in verschiedenen Farben und
   Mustern
Heißklebepistole
Pailletten und Ähnliches zum Verzieren
40 cm lange Dübelstangen, 1 cm dick, eine
   für jedes Requisit

Digitalkamera
Stativ (wahlweise)
Weiße Wand oder ein über eine Tür
   gehängtes Stück Stoff
Laptop (wahlweise)
Fotodrucker (wahlweise)

Das SPIEL

Das Spiel besteht einfach darin, dass diejenige mit der gelungensten Kombination aus Requisit und Grimasse gewinnt. Jedes Mädel darf sich schick und ein Foto machen. Am besten stellen Sie die Kamera auf ein Stativ. Dann sind auch Gruppenfotos möglich.

Sich die Fotos sofort ansehen zu können, ist natürlich von Vorteil. Überspielen Sie sie also gleich auf einen Laptop. Auf diese Weise fällt die Beurteilung der Fotos leichter, und vor allem sind sie ausgedruckt das perfekte Erinnerungsstück für Ihren Mädels-abend!

Mit Lach-
GARANTIE

WIMPEL-HALSKETTE

MATERIAL

Stoffschere
10 (Kunst-)Lederreste, in verschiedenen, komplementären Farben
Locheisen für Leder
64 cm lange Goldkette
Flachzange
2 Biegeringe
Verschluss aus Gold

Schneiden Sie anhand der Schablone weiter unten zehn Leder-Dreiecke aus. Stanzen Sie mit dem Locheisen (1) zwei Löcher in die Ecken der kurzen Seite jedes Dreiecks (2). Stellen Sie den Ø dafür auf 3 mm und orientieren Sie sich an den Markierungen der Vorlage.

Fädeln Sie die Goldkette von vorne durch eines der Löcher nach hinten und von hinten nach vorne durch das andere. Die Kette wird also hinter dem Wimpel durchgeführt (3). Gehen Sie mit den verbleibenden Dreiecken gemäß der gewünschten farblichen Gestaltung in gleicher Weise vor.

Öffnen Sie die Biegeringe mit einer Zange und fädeln Sie sie durch die Enden der Kette. Fügen Sie den Verschluss an einen der offenen Biegeringe und schließen Sie beide mit einer Flachzange.

1

MINIMALISTISCH UND EFFEKTVOLL KOMMT DIESE KETTE DAHER. Sie sieht haargenau so aus wie aus einer dieser angesagten Boutiquen.

2

3

VERKNALLUNGSGARANTIE BEI DIESER LUXURIÖSEN UND PRAKTISCHEN SCHMINK-PINSEL-ROLLE.

Sauber und einfach zu transportieren, so sind ab jetzt sind alle Ihre Schminkpinsel in dieser Rolle untergebracht. Und es sieht so professionell aus! Der Clou ist, dass die Rolle aus nur einem Schnittteil genäht ist!

SCHMINKPINSEL-
ROLLE

ERGIBT 1

Bügeln Sie restlos alle Knitterfalten aus Ihrem Stoff. Legen Sie den Stoff der Breite nach vor sich hin: die rechte Seite zeigt nach unten und eine der kurzen Kanten liegt Ihnen am nächsten. Ziehen Sie mit einem Vorzeichenstift drei Markierungslinien: die erste 20 cm vom oberen Ende, die zweite 26 cm unterhalb der ersten und die dritte 15 cm unterhalb der zweiten.

Schlagen Sie den Stoff an den beiden äußeren Linien ein, sodass die rechten Seiten aufeinanderliegen (an der ersten und dritten Bruchkante). Bügeln Sie die Falten. Stecken Sie die seitlichen Ränder fest und steppen Sie mit einer Nahtzugabe von 1 cm entlang der Ränder. Wenden Sie den Stoff auf die rechte Seite. Drücken Sie die Ecken mit einem Bleistift nach außen. Glatt bügeln. Bügeln Sie als nächstes die Nahtzugaben zwischen den „Taschen" auseinander. Schlagen Sie den Stoff dann an der verbliebenen Linie ein (zweite Bruchkante), um die Schnittkanten zu verdecken, und heften Sie die Seiten zusammen, wodurch die Tasche für die Pinsel entsteht. Steppen Sie die Seiten der Tasche ab.

Um einzelne Taschen für die Pinsel anzufertigen, nähen Sie einfach gerade Linien entlang der vorderen Tasche. Dabei können Sie sich nach der Größe der Pinsel richten – für meine Rolle habe ich fünf 4 cm breite Taschen, vier 5 cm breite und eine 6 cm breite eingenäht, mit von links nach rechts aufsteigenden Größen.

Bügeln Sie die Bänder der Länge nach links auf links auf die Hälfte. Falten Sie 1 cm entlang der langen Kanten nach innen und bügeln Sie erneut darüber. Stülpen Sie beide Enden nach innen und steppen Sie entlang der gesamten Kante der Schnürbänder.

Nähen Sie abschließend ein Schnürband auf die Rückseite des rechten Endes der Rolle, im Abstand von 4 cm zum Rand und knapp oberhalb der Taschenlinie. Gehen Sie mit dem anderen Schnürband in gleicher Weise am anderen Ende der Rolle vor. Mit Ihren Lieblingspinseln auffüllen und zusammenrollen.

MATERIAL

Bügeleisen
1 Stück schwerer Stoff, 70 cm x 48 cm, z.B. Leinen, Jeansstoff, Segeltuch oder schwere Baumwolle
Weicher Stift für Textilien
50 cm langes, farblich passendes Band, 1 cm breit

DIE ULTIMATIVEN
Top 20 der Mädelsfilme!

EIN TOLLER FILM MACHT IMMER RIESENVIEL SPASS! WARUM NICHT EINEN FILMABEND MIT AUSSCHLIESSLICH MÄDELSFILMEN MACHEN? SIE KÖNNEN IHRE GÄSTE AUCH BITTEN, SICH ALS EINE FIGUR AUS EINEM DER FILME ZU VERKLEIDEN!

1. Dirty Dancing
2. Titanic
3. Pretty Woman
4. Magnolien aus Stahl
5. Brautalarm
6. Ghost – Nachricht von Sam
7. Clueless – Was sonst!
8. Sister Act und Sister Act 2
9. Bridget Jones – Schokolade zum Frühstück
10. Freundinnen
11. Thelma und Louise
12. Moulin Rouge
13. Romeo und Julia
14. Step Up
15. Erin Brockovich
16. Die Liebe braucht keine Ferien
17. Teufel trägt Prada
18. Die große Liebe meines Lebens
19. Notting Hill
20. Manche mögen's heiß

SÜSSE
KLEINE CLUTCH

ERGIBT
1

MATERIAL

Stoffschere

2 Stück gemusterter Stoff mit den
  Maßen 25 cm x 20 cm, kontrastierende
  Farben

2 Stück gemusterter Stoff mit den
  Maßen 20 cm x 15 cm, passende Farben

Farblich passendes Garn

Bügeleisen

Klipp-Bügelverschluss, 9 cm (siehe
  Verzeichnis auf Seite 185)

Sekundenkleber

1 kleine Schere

Zange

Schneiden Sie zwei Oberstoffteile aus dem größeren Stoffstück und zwei Teile Innenfutter aus dem kleineren. Verwenden Sie dazu die Vorlagen auf Seite 182.

Legen Sie die zwei Teile Innenfutter rechts auf rechts aufeinander und steppen Sie mit 5 mm Nahtzugabe entlang der beiden Seiten und der Unterseite. Lassen Sie den oberen Abschnitt offen. Wiederholen Sie den Vorgang für die Oberstoffteile. Wenden Sie das Futter auf rechts.

Stecken Sie das Futter in die Außenseite; die linke Seite beider Stoffe sollte sichtbar sein. Stecken Sie die auf der Vorlage markierten kleinen Abnäher an der Oberseite fest. Nähen Sie den oberen Rand bis auf eine kleine Öffnung zu.

Wenden Sie die Stoffe durch die Öffnung auf rechts. Legen Sie das Futter flach in die Außenseite und bügeln Sie darüber. Schlagen Sie die Nahtzugabe entlang der Öffnung ein und verschließen Sie sie im Steppstich möglichst nah an der Kante.

Ziehen Sie entlang der Innenseite eines der beiden Bügel mit dem Kleber eine Linie. Richten Sie Bügelverschluss und Taschenoberseite so aus, dass der Stoff mittig sitzt. Stopfen Sie den Stoffrand, an einem Ende beginnend, mit der kleinen Schere in das Metall. Das kann sehr kniffelig sein, nehmen Sie sich also Zeit. Wiederholen Sie den Vorgang auf der anderen Seite. Drücken Sie die Kanten mit der Zange nach unten und lassen Sie den Kleber vor Gebrauch ausreichend trocknen.

DIESES ÜBERAUS PRAKTISCHE UND PUTZIGE TÄSCHLEIN HAT EINE VORGÄNGERIN. ICH WURDE DURCH EINE TASCHE INSPIRIERT, DIE ICH MIT 16 MIT MEINEN FREUNDINNEN GEBASTELT HABE. Meine Mama hatte ein altes Musterbuch für Vorhangstoffe mit nach Hause gebracht, das mich sofort auf kreative Ideen brachte. Zwei Freundinnen, Becca und Jess, gefiel das so gut, dass sie ihre bis zum heutigen Tag in Verwendung haben.

Mini-me-PUPPE

ERGIBT
1

MATERIAL

Stoffschere
20 cm x 30 cm fleischfarbene
  Baumwolle für Gesicht und Arme
Filzbogen (A4) fürs Haar
20 cm x 30 cm gemusterter Stoff für
  den Rumpf
30 cm x 30 cm gemusterter Stoff für
  die Beine
Filzbogen (A4) für Schuhe
  und Kragen
Textilstifte in Schwarz, Weiß, Blau,
  Grün, Braun, Rot und Rosa
Farblich passendes Garn und
  Nähnadel
1 Beutel weiche Füllwatte
Knöpfe, Schleifen und Bordüren

Schneiden Sie anhand der Vorlagen auf den Seiten 182–183 einen Kopf und vier Arme aus. Schneiden Sie aus dem Filz fürs Haar je ein Stück für hinten und vorne. Schneiden Sie zwei Formen aus dem Stoff für den Rumpf. Schneiden Sie vier Beine aus dem Stoff für die Beine. Schneiden Sie zwei Kragen und vier Schuhteile aus dem verbliebenen Filz.

Halten Sie das vordere Haarteil an den Kopf. Zeichnen Sie mit den Stiften Gesichtszüge auf, bevor Sie mit dem Nähen anfangen. So können Sie das Stück ohne Weiteres ersetzen, falls Sie unzufrieden mit der Zeichnung sind. Ich habe Rot für die Lippen, Schwarz für die Wimpern und die Nase, Braun für die Augenbrauen und Weiß und Blau für die Augen verwendet. Tupfen Sie mit Ihrem Finger etwas Rosa auf die Wangen.

Legen Sie das vordere Haarteil um das Gesicht und nähen Sie es im Steppstich 5 mm vom Rand der Haarlinie entfernt fest.

Nähen Sie die Kragen an den Rumpf. Schlagen Sie 5 mm entlang des unteren Randes jedes Rumpfteils ein und bügeln Sie darüber. Nähen Sie den Hals und den Hinterkopf an die entsprechenden Rumpfteile, sodass sie sich auf der linken Seite überlappen.

Heften Sie für die Beine einen Schuh an den Fuß jedes Beins. Legen Sie je zwei Beine rechts auf rechts aufeinander. Steppen Sie 5 mm vom Rand entfernt und lassen Sie nur die obere Kante offen. Wenden Sie auf rechts. Stopfen Sie sie mithilfe des Griffendes eines Holzlöffels mit gleichgroßen Mengen Füllwatte aus.

Wiederholen Sie dies bei den Armen. Setzen Sie sie nach unten hängend oben am hinteren Rumpfteil an und heften Sie sie fest.

Legen Sie die verbundenen Kopf- und Rumpfteile rechts auf rechts aufeinander. Steppen Sie entlang des äußeren Rands und integrieren Sie dabei die Oberarme. Der Kleidersaum bleibt offen. Wenden Sie auf rechts und stopfen Sie aus.

Setzen Sie die Beine zwischen den beiden Schichten am Kleidersaum an. Nähen Sie sie nahe am Saum im Steppstich fest.

Flechten Sie drei Streifen der Maße 15 cm x 1 cm aus dem Filz fürs Haar zusammen und nähen Sie die Enden mit ein paar Stichen fest. Bringen Sie den Zopf mit ein paar Stichen am Kopf an.

Passen Sie die Puppe durch Hinzufügen von Knöpfen, Schleifen und einer Miniatur Ihrer Lieblingskette weiter Ihrem Aussehen an.

REPRODUKTIONSBEDÜRFNISSE? HIER
KÖNNEN SIE SICH IN KLEIN KLONEN!
Sobald sie fertig ist, setzen Sie Ihre
Mini-Version zu ihren Freundinnen.
Ist sie so schön wir ihre Vorlage?

Wer
BIN ICH?

FÜR 3 ODER MEHR SPIELER

DAS VIELLEICHT ALLERBESTE RATESPIEL DER WELT!
Das Ziel ist es, herauszufinden, wer Sie sind, bevor es jemand anders tut. Alle werden sich die Köpfe zerbrechen.

Alle Mitspieler schreiben den Namen einer berühmten Persönlichkeit auf einen Klebezettel und befestigen ihn an der Stirn des linken Nachbarn, ohne dass er das Geschriebene sehen und lesen kann.

Lassen Sie den Zufall entscheiden, wer das Spiel beginnt.

Nacheinander versucht jeder Spieler, durch eine Frage herauszukriegen, wer er sein könnte. Die Mitspieler dürfen nur mit „ja" oder „nein" antworten. Falls die Antwort „ja" lautet, darf der Spieler eine weitere Frage stellen, bei „nein" ist der nächste Spieler an der Reihe.

Wer als erster seine Identität errät, gewinnt.

MATERIAL

ı Stift für jeden Spieler
ı Klebezettel für jeden Spieler

Lampenschirm
mit SILHOUETTEN

ERGIBT 1

MATERIAL

1 einfarbiger heller Lampenschirm
Weißer Karton, normal dick oder zum Drucken
Sprühkleber

Sie können die Vorlagen auf Seite 183 verwenden oder Ihre eigenen Motive zeichnen. Scannen Sie die Motive und drucken Sie sie aus. Alternativ können Sie sie auf den Karton durchpausen.

Schneiden Sie die Motive aus und befestigen Sie sie mithilfe des Sprühklebers (in einem gut belüfteten Zimmer) vorsichtig an der Innenseite des Lampenschirms. Ordnen Sie sie so an, dass ausreichend Platz zwischen jedem Umriss bleibt. Lassen Sie den Schirm mindestens 10 Minuten lang trocknen, bevor Sie ihn an einer Lampe anbringen.

DIESE SILHOUETTEN WERFEN WUNDERSCHÖNE SCHATTEN AN IHRE WÄNDE UND WIRKEN VOR ALLEM IN SCHLAF- UND KINDERZIMMERN ZAUBERHAFT. Dieses Kreativprojekt ist einfach und schnell gemacht und erzielt einen großartigen Effekt. Für Anfänger ist dieses Projekt sehr gut geeignet. Wenn Ihre Mädels alte Lampenschirme haben, die sie aufhübschen wollen, können sie diese mitbringen, ansonsten kaufen Sie einfach ein paar einfarbige.

HERZKRANZ AUS STOFF

ERGIBT 1

MATERIAL

Dicker Gartendraht, 50 cm
Dicker Gartendraht, 1,50 m
Stoffschere
Stoff, 2 m x 2 m
Band, 20 cm lang und 5 cm breit

Formen Sie aus dem kürzeren Stück Draht ein Herz und wickeln Sie die Enden um den Draht, damit sie bündig abschließen. Wickeln Sie das längere Stück Draht lose um das Drahtherz, bis die gesamte Länge verbraucht ist. Es sollen Lücken und Schlaufen entstehen, die später für ausreichend Platz zur Befestigung der Stoffstreifen sorgen (1).

Schneiden Sie den ausgesuchten Stoff in 2 cm breite Streifen und dann diese auf 10 cm Länge. Fädeln Sie die Streifen bis zur Hälfte in die Lücken des Drahtherzens (2). Nachdem Sie eine ausreichende Anzahl hinzugefügt haben, verrutschen sie nicht mehr, was das Verknoten überflüssig macht (3). Machen Sie rings um das Herz herum weiter – je mehr Stoff Sie anbringen, desto besser wird es aussehen. Sobald der gesamte Stoff angebracht wurde, kürzen Sie die Streifen so, dass sie alle gleich lang sind.

Binden Sie oben am Herz eine Schleife an und hängen Sie es an eine Tür.

STECKEN SIE LIEBE IN IHR KREATIVPROJEKT! DAS HERZ SIEHT HÜBSCH AUS, WENN SIE ES AN DIE SCHLAF- ODER WOHNZIMMERTÜR HÄNGEN. Die Anfertigung ist sehr einfach, deswegen eignet es sich prima für Gruppen mit verschiedenem Geschicklichkeitsniveau.

1

2

3

SCHMETTERLINGS-
ANHÄNGER

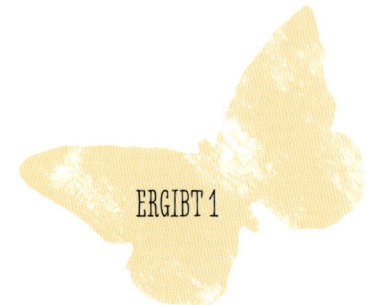

MATERIAL

Schneidebrett

Frischhaltefolie

Polymer-Modelliermasse (ich habe Lila
mit Glitzer, Grün mit Glitzer, Gold mit
Glitzer und Blau verwendet)

Nudelholz

Schmetterling, Gänseblümchen und
Rose als Ausstechformen

Backblech

Metallspieß

Schmuckzange

1 m kupferfarbene Kette, Ø 4 mm

1 Beutel kupferfarbene Biegeringe,
Ø 7 mm

Kupferfarbener Karabiner

Bedecken Sie das Schneidebrett mit einem Stück Frischhaltefolie. Für jeden Farbton der Modelliermasse benötigen Sie ein neues Stück Frischhaltefolie – so bleiben auf dem Brett keine Farbflecken zurück und die Farben vermischen sich nicht. Rollen Sie mit dem Nudelholz jeweils eine Farbe der Modelliermasse 2 mm dick aus. Reinigen Sie zwischen den Farben jedes Mal Ihr Nudelholz.

Stechen Sie die gewünschten Formen vorsichtig mit den Ausstechformen aus und legen Sie sie auf das Backblech. Stechen Sie ein Loch in eine Ecke jedes Schmetterlings, in die Mitte jedes Gänseblümchens und an den Stielansatz jedes Blatts, damit Sie nach dem Aushärten der Masse die Biegeringe durchfädeln können.

Geben Sie das Blech in den Ofen und backen Sie die Modelliermasse, wie vom Hersteller empfohlen. Nehmen Sie es aus dem Ofen und lassen Sie es abkühlen.

Schneiden Sie die Kette mit der Schmuckzange in unterschiedlich lange Stücke: Das kürzeste sollte nicht kürzer als 6 cm und das längste nicht länger als 10 cm sein. Sie benötigen für jeden Anhänger eine eigene Kette. Fädeln Sie einen Biegering durch das Ende einer Kette und das Loch im Anhänger und verschließen Sie den Ring mit der Zange. Fädeln Sie einen weiteren Biegering durch das andere Ende der Kette und durch den Karabiner und verschließen Sie den Ring mit der Zange. Wiederholen Sie den Vorgang für die verbliebenen Anhänger.

Hängen Sie den Anhänger seitlich an Ihrer Tasche ein und tragen Sie sie mit Stolz!

EINE GROSSARTIGE MÖGLICHKEITART, IHRE TASCHE ZU INDIVIDUALISIEREN. AUSSERDEM SIND TASCHENANHÄNGER IN DEN LETZTEN JAHREN ZU EINEM DER ANGESAGTESTEN ACCESSOIRES AVANCIERT. Hier wurde Fimo verwendet, eine Polymer-Modelliermasse, die im Ofen hart wird und in allen Farben des Regenbogens und mit verschiedenen Effekten erhältlich ist.

Buchstaben-
BETTELARMBAND

ERGIBT
1

MATERIAL

1 Stück goldene Kette, Ø 4 mm
Beißzange
100 Buchstabenperlen (ungefähr
   10–25 g)
100 goldene Nietstifte, 25 mm lang
Rundzange
Flachzange
2 Biegeringe
Goldener Verschluss

WÄHREND SIE DIESES ARMBAND ANFERTIGEN, KÖNNEN SIE PRIMA QUATSCHEN UND TRATSCHEN. Am Ende des Projekts haben Sie alle Themen von A–Z besprochen.

Messen Sie mit einem Stück Schnur an Ihrem Handgelenk die gewünschte Länge grob ab. Schneiden Sie Ihre goldene Kette mit der Beißzange auf Länge.

Fädeln Sie auf jeden Nietstift eine Buchstabenperle (1) und biegen Sie kurz oberhalb der Perle mit der Rundzange eine Schlaufe in den Draht (2). Schneiden Sie die überstehende Länge mit der Beißzange nahe am Schlaufenende so ab, dass ein Spalt übrig bleibt, der später das Auffädeln am Armband erleichtert.

Haken Sie sie an der Kette ein (3) und machen Sie die Schlaufe an der Buchstabenperle mithilfe einer Flachzange enger. Fügen Sie an jedes Kettenglied mindestens zwei Perlen; je mehr Sie aber an einem einzelnen Kettenglied unterbringen können, desto besser wird es aussehen.

Öffnen Sie mit der Rundzange die Biegeringe und bringen Sie an jedem Kettenende einen an. Haken Sie den Verschluss an einem Biegering ein und verschließen Sie beide Ringe vorsichtig mit der Flachzange. Das Ergebnis wird ein eng sitzendes und solides Armband sein.

1

2

3

Bilder-
POST

MATERIAL

Für jeden Spieler ein Blatt Papier (A4)
Für jeden Spieler einen andersfarbigen
  Bunt- oder Filzstift

EINE VARIANTE DES KINDERSPIELS FLÜSTERPOST, HIER FÜR
ERWACHSENE.

Am besten versammeln sich die Spieler alle an einem Tisch oder
sie haben eine feste Unterlage.

Falten Sie die Blätter der Breite nach auf die Hälfte und die
Hälften selbst noch einmal auf die Hälfte.

Jeder Spieler schreibt auf den obersten Abschnitt seines Blatts
versteckt ein bekanntes Sprichwort oder eine Redewendung, z. B.
„Angle, willst du Fische fangen" oder „Das schwarze Schaf der
Familie".

Jeder reicht jetzt sein Blatt Papier an den rechten Nachbarn weiter. Dieser muss sich nun das Sprichwort einprägen und klappt daraufhin das Papier zurück, sodass das Geschriebene auf der Rückseite ist, ohne dass ein anderer es lesen kann. Auf dem Abschnitt, der nun zuoberst liegt, malt der Spieler seine Fassung des Sprichworts: je detaillierter, desto besser.

Nach Fertigstellung gibt jeder das Blatt an den rechten Nachbarn weiter. Dieser muss nun die Zeichnung deuten (ohne das zurückgefaltete Sprichwort zu lesen), klappt sie nach hinten und schreibt seine Fassung auf das nächste unbeschriftete Viertel.

Die Zettel werden dann wieder nach rechts weitergegeben, und der Letzte zeichnet seine Fassung des Sprichworts auf den letzten Abschnitt. Das Blatt geht nun an den zurück, der sich ursprünglich das Sprichwort einfallen ließ, und Sprichwort samt Zeichnungen werden enthüllt!

FÜR 4 ODER MEHR SPIELER

Entzückende
STOFFBEZOGENE SCHUHE

MATERIAL

1 Paar Plastik- oder Lackschuhe
6 Blatt Papier (A4)
Bleistift
Schere
Stoffschere
Stoffquadrat, 50 cm x 50 cm
Farbpinsel
Weißleim
Sprühfirnis
Bordüren, Schleifen, Bänder und Knöpfe
   zum Dekorieren

FÜR ALLE MIT SCHUHTICK DIE PERFEKTE GELEGENHEIT, einem Paar alter oder billiger neuer Schuhe zu neuer Pracht zu verhelfen. Ein einfaches Projekt für alle, das total schnell süchtig macht.

Sie werden für jedes Paar Schuhe neue Schnittmuster anfertigen müssen.

Die Schuhe sollten sauber und trocken und alle Aufkleber entfernt sein.

Legen Sie Ihren ersten Schuh seitlich auf ein Blatt Papier. Zeichnen Sie mit einem Bleistift die äußeren Umrisse nach (1). Dabei werden Sie den Schuh ein Stück zurückrollen müssen, damit Sie den oberen Absatz miteinbeziehen, und etwas nach vorn, damit Sie möglichst viel von der Schuhspitze einarbeiten können. Ausschneiden. Den Vorgang für die andere Seite des Schuhs wiederholen.

Das Schnittmuster für die Kappe stellen Sie wie folgt her: legen Sie ein halbes Blatt Papier über die Kappe und knüllen Sie es über die Spitze. Schneiden Sie es am Ristausschnitt ein und falten Sie es nach innen (2). Ausschneiden. Für den zweiten Schuh wiederholen.

Heften Sie diese Schnittmuster an den Stoff und schneiden Sie sie mit einer Zugabe von 1,5 cm entlang der oberen Kante aus (diese wird später nach innen in den Schuh geklappt, um einen sauberen Abschluss zu erzielen). Machen Sie ein paar Einschnitte entlang der Rundung der Nahtzugabe der Kappe.

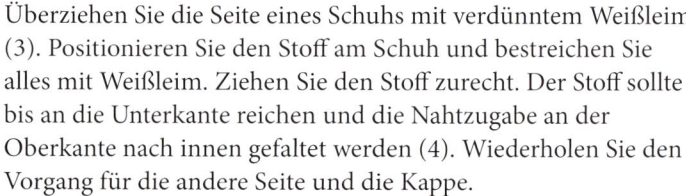

Überziehen Sie die Seite eines Schuhs mit verdünntem Weißleim (3). Positionieren Sie den Stoff am Schuh und bestreichen Sie alles mit Weißleim. Ziehen Sie den Stoff zurecht. Der Stoff sollte bis an die Unterkante reichen und die Nahtzugabe an der Oberkante nach innen gefaltet werden (4). Wiederholen Sie den Vorgang für die andere Seite und die Kappe.

Schneiden Sie den verbliebenen Stoff in etwa 1 cm breite und 4 cm lange Streifen. Diese dienen zur Dekoration des Absatzes. Überziehen Sie den Absatz mit Weißleim und befestigen Sie die Stoffstreifen (5). Achten Sie darauf, dass keine Lücken zurückbleiben.

Wiederholen Sie diesen Vorgang für den zweiten Schuh und lassen Sie beide trocknen.

Sobald die Schuhe trocken sind, besprühen Sie sie mit Firnis und lassen Sie sie erneut trocknen.

Schmücken Sie die Schuhe mithilfe der Heißklebepistole mit den ausgewählten Accessoires – ich habe vorne am Schuh eine Schleife angebracht (6).

MÄDELS-Playlist

Here Come The Girls
ERNIE K DOE

Single Ladies (Put A Ring On It)
BEYONCE

Wannabe
SPICE GIRLS

Material Girl
MADONNA

Girls Just Wanna Have Fun
CYNDI LAUPER

Respect
ARETHA FRANKLIN

Doo Wop (That Thing)
LAURYN HILL

I Wanna Dance With Somebody
WHITNEY HUSTON

Walking on Sunshine
KATRINA AND THE WAVES

Whatta Man
SALT-N-PEPA

My Lovin'
EN VOGUE

Doin' The Do
BETTY BOO

Buffalo Stance
NENEH CHERRY

You Don't Love Me
THE HOLLYWOOD BAND

Independent Woman
DESTINY'S CHILD

It's Raining Men
THE WEATHER GIRLS

She Works Hard For The Money
DONNA SUMMER

Hit Me With Your Best Shot
PAT BENATAR

Sisters Are Doin' It For Themselves
EURYTHMICS

Just A Girl
NO DOUBT

I'm Coming Out
DIANA ROSS

Beautiful
CHRISTINA AGUILERA

OHNE MUSIK KOMMT KEINE PARTY AUS,
also bringen Sie Ihre Mädels mit ein paar
thematisch passenden Songs in Stimmung.
Oben finden Sie einige meiner liebsten
Mädelsabend-Tracks – die vollständige
Mädelsabend-Playlist können Sie hier kosten-
los anhören: www.girlsnightinbook.com.

Schmetterlings-MASKE

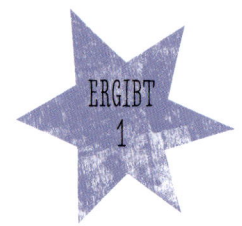

ERGIBT
1

MATERIAL

Schwarzer, 3 mm dicker Karton,
  28 cm x 22 cm
Cutter und Schneidematte
Alte Zeitungen
Farbpinsel
Weißleim
Glitter in verschiedenerlei Farben zum
  Dekorieren
Strass und Pailletten zum Dekorieren
Heißklebepistole
Locheisen
Dünnes Band, 80 cm lang

JEDER VERKLEIDET SICH GERNE DANN UND WANN. MIT DIESEN AUSGEFALLENEN MASKEN SIND SIE DER STAR JEDES KOSTÜM-BALLS. Sie können die Maskenunterlagen vorher ausschneiden oder Sie lassen das Ihre Mädels selbst machen.

Übertragen Sie die Vorlage für die Schmetterlingsmaske auf Seite 184 auf den Karton. Legen Sie den Karton auf die Schneidematte und schneiden Sie an den Umrissen der Maske entlang. Ritzen Sie auf der in der Vorlage gekennzeichneten Mittellinie vorsichtig eine Kerbe, ohne zu schneiden.

Legen Sie die Maske zum Dekorieren auf ein paar alte Zeitungen, bestreichen Sie die gesamte Fläche mit Weißleim und überziehen Sie sie mit Glitter. Rütteln Sie kräftig an der Maske, falten Sie die Zeitung auf die Hälfte und schütten Sie den überschüssigen Glitter zur Wiederverwendung ins Gefäß zurück.

Lassen Sie die Maske an einem warmen Ort 10–15 Minuten lang trocknen, bis das Glitter sich trocken anfühlt. Bringen Sie Strass und Pailletten mithilfe einer Klebepistole an.

Stechen Sie mit dem Locheisen in die obere äußere Ecke jeder Seite der Maske ein Loch, wie es auf der Vorlage gekennzeichnet ist. Fädeln Sie 40 cm Band durch das Loch einer Seite der Maske. Machen Sie zur Befestigung in das auf die Vorderseite reichende Ende einen hübschen Knoten. Wiederholen Sie den Vorgang mit den übrigen 40 cm Band auf der anderen Seite.

STOFFEINBÄNDE
MIT MONOGRAMM

ERGIBT
1

MATERIAL

Gemusterter Stoff (unten finden Sie
  die Angaben zur Berechnung der
  richtigen Menge für 1 Buch)
Langes Lineal
Stoffmarker
Stoffschere
Passendes Garn
Stickrahmen (wahlweise)
Stickgarn in einer mit dem Stoff
  kontrastierenden Farbe (wahlweise)

BREITE
4 x die Breite des Vorderdeckels +
  Buchrücken + 2 cm Nahtzugabe.

HÖHE
Höhe des Buchs + 4 cm Nahtzugabe.

MACHEN SIE MÄCHTIG EINDRUCK, WENN SIE IHRE BÜCHER IN DIESEN
STOFFEINBAND EINSCHLAGEN UND MIT ZUM LESEZIRKEL BRINGEN.
Ihr Lieblingsroman bekommt ein neues Kleid; auch als
Geschenkverpackung eignet sich der Stoffeinband sehr
gut. Passend für Hardcover, Notizbücher, Fotoalben,
Tagebücher …

Bügeln Sie Ihren Stoff und breiten Sie ihn mit der rechten Seite
nach unten auf einem Tisch aus. Messen Sie die Größe Ihres
Buchs auf den Millimeter genau aus und errechnen Sie anhand
der Formel links die benötigte Stoffmenge. Zeichnen Sie das
benötigte Rechteck mit Lineal und Stift auf. Zeichnen Sie den
Buchrücken in der Mitte des Rechtecks auf und die Deckel zu
beiden Seiten.

Schneiden Sie das Rechteck aus. Bügeln Sie rundherum an allen
Kanten eine Nahtzugabe von 1 cm nach innen. Versäubern Sie
die Kanten, indem Sie sie absteppen.

Falls Sie Ihren Umschlag mit einem Monogramm verzieren
wollen, ist jetzt der richtige Zeitpunkt. Platzieren Sie Ihre Initialen
auf dem Vorderdeckel. Zeichnen Sie mit dem Stoffmarker die
Buchstaben auf die rechte Seite des Stoffs. Sie können wahlweise
kleine Blumen (oder Blätter) und Stiele die Initialen hübsch
umranden lassen. Spannen Sie die Stickfläche des Stoffs in den
Stickrahmen, sodass er straff sitzt. Verwenden Sie einen einfachen Plattstich für die Initialen, Geradstich für die Blumen,
und Rückstich für die Blattumrisse und Stiele.

Lösen Sie den Stoff aus dem Rahmen und bügeln Sie ihn. Legen
Sie den Stoff mit der rechten Seite nach oben auf den Tisch,
schlagen Sie dann die beiden Seiten um (jenseits der eingezeich-
neten Deckel), sodass die versäuberten Kanten an den Markierungen des Buchrückens liegen, und stecken Sie sie fest. Nähen
Sie eine Nahtzugabe von 1 cm entlang der oberen und unteren
Kante. Es entstehen zwei Taschen. Wenden Sie den Stoff nach
rechts und bügeln Sie ihn.

Lassen Sie den bestickten Umschlag auf Ihr Buch gleiten, indem
Sie die Deckel nach hinten klappen.

Tausendfüßler-
BROSCHE

ERGIBT
1

MATERIAL

- Beißzange
- 1 Spule 8 mm dicken goldfarbenen Schmuckdraht
- Rundzange
- 5 grüne Strassperlen, Ø 14 mm
- 1 durchsichtige Strassperle
- 1 Spule 4 mm dicken goldfarbenen Schmuckdraht
- 1 Packung goldfarbene Rocaille oder Glasperlen
- Heißklebepistole
- 3 cm lange goldfarbene Broschennadel

IHR FABELHAFTER KLEINER FREUND wird artig auf jeder modischen Bluse, Jacke oder auf dem Blazer sitzen. Der Entwurf ist von Schmuckdesigns inspiriert, die sich in der internationalen Modewelt größter Beliebtheit erfreuen. Mit seinen funkelnden Strasssteinen wird der Tausendfüßler die ganze Aufmerksamkeit auf sich ziehen – nicht eifersüchtig werden!

Schneiden Sie mit der Beißzange ein 15 cm langes Stück vom 8 mm dicken Draht ab. Biegen Sie mit der Rundzange eine kleine geschlossene Schlaufe in das Ende.

Fädeln Sie all Ihre grünen Strassperlen auf und fügen Sie dann die durchsichtige Perle hinzu. Biegen Sie den Draht annähernd in eine S-Form.

Schließen Sie das obere Drahtende mit einer weiteren kleinen Schlaufe ab, sodass die Perlen locker genug sitzen und ausreichend Platz bleibt, die Beine zu integrieren. Schneiden Sie überschüssigen Draht ab. Drücken Sie beide Schleifen flach an die Perlenabschlüsse, damit Sie nicht abstehen.

Schneiden Sie für die Beine fünf 10 cm lange Stücke vom 4 mm dicken Draht ab. Nehmen Sie sich für diese kniffelige Arbeit ruhig Zeit. Fädeln Sie eine goldene Perle auf den Draht und halten Sie sie 1 cm vom Ende entfernt fest. Krümmen Sie das Drahtende nach hinten und drehen Sie es nach der gesamten Drahtlänge, während Sie die Perle festhalten. Fädeln Sie ausreichend Perlen auf, bis etwa 6 cm des Drahts bedeckt sind. Lassen Sie 5 mm Draht frei und fügen Sie eine weitere Perle hinzu. Halten Sie die Perle fest und verdrehen Sie zum Verschließen den Draht wie zuvor. Schneiden Sie den überschüssigen Draht ab. Wiederholen Sie den Vorgang mit den verbliebenen Drahtstücken.

Teilen Sie die Perlen für jedes Bein in zwei Abschnitte, indem Sie sie jeweils ans Ende rücken und sich in der Mitte eine Lücke bildet. Wickeln Sie diesen freien Abschnitt einmal um eine der Lücken zwischen den grünen Strassperlen und wiederholen Sie den Vorgang für die übrigen Beine.

Befestigen Sie die Broschennadel mit der Heißklebepistole an der Unterseite der Brosche.

GALAKTISCHE
STRUMPFHOSEN

MATERIAL

1 saubere, trockene Strumpfhose
2 Bogen (DIN-A4) dünner Karton
Besonders starker Textilklebstoff
1 Auswahl Strass und Pailletten

DIESER AKTUELLE TREND VON DEN LAUFSTEGEN der Welt macht auch Sie zum It-Girl des Fashionkosmos. Ein einfaches Projekt, mit dem Ihre Beine funkeln wie die Sterne des Himmels!

Um sicherzustellen, dass Ihre Strumpf-hose nicht verklebt, schneiden Sie den Karton der Länge nach in zwei Teile und geben Sie jeweils einen in das obere und untere Bein.

Legen Sie die Strumpfhose flach auf einen Tisch und kleben Sie dann einfach Ihren funkelnden Strass und die Pailletten im gewünschten Muster auf. Sobald eine Seite fertig ist, lassen Sie sie am besten 30–60 Minuten trocknen, bevor Sie die Strumpfhose umdrehen und die andere Seite dekorieren. Ein wunderbarer Vorwand für einen Cocktail oder ein Stück Kuchen …

Entfernen Sie abschließend vorsichtig den Karton und schon können Sie sie tragen!

MERKE
STRUMPFHO-
SEN nur MIT
STÖCKEL-
SCHUHEN
TRAGEN!

ALSO DAS IST MAL EIN KREATIVPROJEKT!
Perfekt für den Junggesellinnen-
abschied und wenn Sie in Sekt-
laune sind und es was zu kichern
gibt. Eine meiner Freundinnen,
die eine Zeit lang Burlesque
tanzte, gab mir auch Tipps, wie
man sie wirbelt … Warum auch
nicht – in jeder von uns steckt
eine kleine Diva!

SHOWGIRL-Quasten

ERGIBT
1 PAAR

MATERIAL

Stoffschere
2 Kreise aus Kunstleder, Ø 7 cm
2 kleine Quasten
Heißklebepistole
2 Kreise aus Kunstleder, Ø 2,5 cm
Paillettenband, 1 m lang
Hautfreundliches doppelseitiges
  Klebeband

Schneiden Sie eine gerade zum Mittelpunkt führende Linie in die beiden großen Kreise aus Kunstleder.

Fädeln Sie den hinteren Abschluss der Quaste durch den Schlitz, sodass sich die Quaste in der Kreismitte befindet. Der hintere Abschluss der Quaste sollte hinten am Kunstleder sein. Halten Sie sie fest. Bilden Sie eine Kegelform, indem Sie 2 cm Kunstleder zum Überlappen bringen und festkleben (1).

Kleben Sie den kleineren Kreis aus Kunstleder über den Abschluss der Quaste, damit die Hinterseite bündig abschließt (2).

Drehen Sie den Kegel um und befestigen Sie die Paillettenbordüre. Kleben Sie die Bordüre, vom Mittelpunkt ausgehend, in einer Spirale bis zum äußersten Rand auf (3). Schneiden Sie den Überschuss ab. Wiederholen Sie den Vorgang für die andere Quaste.

Kleben Sie ein Dreieck Klebeband auf die Rückseite jeder Quaste. Kleben Sie sie auf Ihren Nippel und drücken Sie sie fest. Falls Sie sich zu sehr schämen, können Sie sie auch an einem eng sitzenden Top anbringen.

Boudoir-Beauty

In diesem Kapitel finden Sie eine großartige Auswahl an Ideen, wie Sie sich und Ihren Freundinnen etwas Gutes tun können. Als erstes bietet sich eine Kur aus Ihrem häuslichen Spa an, vielleicht die entspannende Avocado-Bananen-Maske oder das belebende Fußbad mit Wodka und Zitrone? Oder soll es das feine Lavendelsalz-Handpeeling sein? Danach probieren Sie einige der bezaubernden Haar- und Make-up-Ideen aus. Es handelt sich um erprobte Tutorials, die ich zusammen mit meiner Freundin, der Celebrity-Make-up-Expertin Fiona Fletcher, entwickelt habe. Perfekt abgerundet wird Ihr Look mit einem Naildesign der aufstrebenden Lucy Pearson.

Französischer ZOPF

NICHTS SIEHT GLEICHZEITIG SO ADRETT und lässig aus wie ein klassischer französischer Zopf. Probieren Sie diesen Zopf unter Zuhilfenahme eines Spiegels an sich selbst aus oder flechten Sie ihn einem Ihrer Mädels. Wenn Sie erst den Dreh raus haben, werden Sie nie wieder einen schnöden einfachen Zopf haben wollen.

Für alle Haartypen geeignet.

1 Teilen Sie das Haar zu einem Seitenscheitel. Wenn Sie Anfänger sind, feuchten Sie das Haar etwas an, dann bekommt es mehr Griffigkeit.

2 Teilen Sie die größere Seite des Deckhaars in drei Teile und fangen Sie an zu flechten.

3 Flechten Sie seitlich am Kopf entlang und nehmen Sie Strähne um Strähne abwechselnd zu einem der drei Stränge hinzu.

4 Während Sie flechten, achten Sie darauf, dass der Zopf eng am Kopf anliegt. Flechten Sie diagonal über den Hinterkopf und nehmen Sie alle verbleibenden Strähnen mit in den Zopf hinein.

5 Sobald der Zopf vollständig bis hinüber auf die andere Seite des Kopfes reicht, flechten Sie ihn wie gewohnt fertig.

6 Sichern Sie Ihren Zopf mit einem kleinen Haargummi und fixieren Sie die Frisur mit etwas Haarspray.

MATERIAL

Kamm
Sprühflasche mit Wasser
  (wahlweise)
Haargummi
Haarspray mit starkem Halt

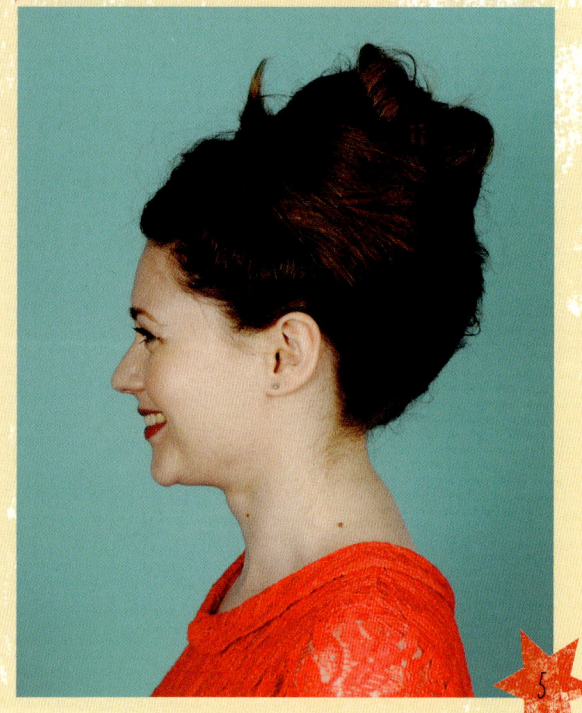

GEWICKELTER
Beehive

VOR EIN PAAR JAHREN SCHLEPPTE ICH FÜR EINEN JUNGGESELLINNENABEND ALLE MEINE FREUNDINNEN ZUM FRISEUR. ALLE BEKAMEN EINEN BEEHIVE VERPASST.

Als wir herauskamen, sahen wir aus wie Amy Winehouse und feierten entsprechend. Dieser Beehive ist gar nicht so schwer zu frisieren, also probieren Sie es einfach aus!

Nicht geeignet für feines oder kürzeres Haar.

1 Ihr Haar muss vollständig trocken und gebürstet sein. Wenn es nicht frisch gewaschen ist, ist es griffiger.

2 Teilen Sie das obere und untere Haar in jeweils zwei Partien. Stecken Sie das Deckhaar weg und kämmen Sie das unten liegende in den Rücken.

3 Teilen Sie die Partie erneut in zwei Teile und stecken Sie die obere weg. Drehen Sie die untere Partie eng zusammen, gehen Sie dabei vom Nacken aus. Keine Sorge, wenn es nicht ganz glatt wird. Ein wenig strubbelig ist moderner. Nehmen Sie die nächste weggesteckte Partie und wickeln Sie einen großen Dutt – so entsteht die nötige Höhe der Frisur.

4 Stecken Sie alles mit Haarnadeln fest.

5 Die glatt gekämmte vordere Partie des Haares wickeln Sie in einzelnen Strähnen in verschiedenen Richtungen um den Dutt und kaschieren ihn so. Stecken Sie die Strähnen jeweils fest und fixieren Sie sie mit Haarspray.

TIPP: Wenn Sie vor dem Föhnen Schaumfestiger verwenden, wird Ihr Haar griffiger und leichter zu frisieren.

MATERIAL

Kamm oder Bürste
Kurze Haarnadeln in passender
    Farbe
Haarspray mit extrastarkem Halt

EINGEDREHTE VINTAGE-ROLLE

DIESE FRISUR TRAGE ICH HÄUFIG UND ICH WERDE FAST IMMER GEFRAGT, WIE MAN SIE MACHT. Es sieht kompliziert aus, ist aber in Wirklichkeit total einfach! Und weil mir das nie jemand glaubt, werde ich es hier beweisen!

Sie brauchen mindestens schulterlanges Haar. Für normales und dickes Haar geeignet.

1 Föhnen Sie Ihr Haar glatt oder glätten Sie es mit einem Glätteisen. Ziehen Sie einen tiefen Seitenscheitel.

2 Bürsten Sie die größere Partie etwas aus der Stirn.

3 Drehen Sie die Partie vom Gesicht weg nach oben ein und stellen Sie sicher, dass der Pony etwas hochgeht. Am Hinterkopf feststecken.

4 Nun wird das restliche Haar um Ihren Kopf herum eingedreht. Sie beginnen auf der größeren Seite des Scheitels: Drehen Sie die zuvorderst liegenden Strähnen einwärts; beginnen Sie am Haaransatz. Halten Sie die Rolle schön straff am Kopf und fügen Sie, wenn Sie weiterdrehen, weitere Strähnen hinzu.

5 Immer weiterdrehen und alle Haare einarbeiten, bis Sie auf der anderen Seite Ihres Kopfes angelangt sind und es nicht mehr weitergeht.

6 Ihre Haarspitzen nehmen Sie zusammen und biegen sie zurück. Stopfen Sie alles überstehende Haar in die Rolle hinein. Fixieren Sie die Frisur mit Haarnadeln – Sie werden sicher einige brauchen! Zum Schluss Haarspray aufsprühen.

TIPP: Wenn Sie feines Haar haben, können Sie mit einer Schaumstoffrolle das nötige Volumen schaffen.

MATERIAL

Bürste
Lange Haarnadeln in passender Farbe
Haarspray mit extrastarkem Halt

Schmacht-AUGEN

DIESES SEXY AUGEN-MAKE-UP VERZAUBERT IHREN BLICK. Passen Sie aber auf, dass Sie nicht zu dick auftragen, sonst wirkt der Zauber umgekehrt!

1 Verteilen Sie die Foundation regelmäßig in Ihrem ganzen Gesicht und tragen Sie etwas Rouge auf.

2 Betonen Sie Ihre Augen in Violetttönen: das dunkle Violett kommt außen auf das Oberlid, innen und in der Lidfalte wird Violett aufgetragen. Hellrosa kommt unter die Augenbrauen. Tragen Sie Kajal auf dem Oberlid direkt am Wimpernkranz auf. Am unteren Wimpernkranz können Sie behutsam mit Kajal eine Linie ziehen. Großzügig mit Mascara tuschen. Befestigen Sie die künstlichen Wimpern.

3 Ihre Lippen betonen Sie nur dezent mit etwas Lipgloss.

4 Mit dem Highlighter fügen Sie oberhalb Ihrer Wangenknochen etwas Glow hinzu.

MATERIAL

Flüssige Foundation
Rouge in einem Rosaton
Lidschatten in Dunkelviolett,
 Violett und Hellrosa
Schwarzer Kajal
Schwarzer Mascara
Künstliche Wimpern inklusive
 Klebstoff
Lipgloss in einem Rosaton
Highlighter mit Glimmer

VINTAGE
für immer

DIESES MAKE-UP HAT SICH ÜBER JAHRZEHNTE
BEWÄHRT - ES IST KLASSISCH UND PASST IMMER.
Hierfür benötigen Sie einen richtig
schön knallroten Lippenstift.

1 Tragen Sie die Foundation regelmäßig im ganzen Gesicht auf.
Betonen Sie Ihre Wangen mit etwas Rouge.

2 Tragen Sie den Lidschatten in der Lidfalte auf. Ziehen Sie mit
dem Eyeliner einen feinen Lidstrich entlang des oberen Wimpernkranzes. Sie können die äußeren Enden etwas weiter ziehen,
so bekommen Ihre Augen etwas katzenhaftes.

3 Tuschen Sie Ihre Wimpern großzügig, dann befestigen Sie die
künstlichen Wimpern in den Außenwinkeln der Augen.

4 Knallroter Lippenstift macht den Look perfekt.

TIPP: Wenn Sie die Wimpern ankleben, tragen Sie den Klebstoff
auf und lassen Sie ihn kurz antrocknen. So sitzt gleich alles fest
und wackelt nicht.

MATERIAL

Flüssige Foundation
Rouge in Rosenholz
Lidschatten in warmem Taupe
Flüssiger Eyeliner
Schwarzer Mascara
2 halbe Streifen künstlicher
  Wimpern inklusive Kleber
Knallroter Lippenstift

PRETTY
in PINK

MIT DIESEM MAKE-UP SIEHT JEDER ZUM AN-BEISSEN AUS! Ihrer Haut wird ein schöner Glow verliehen und die zarten Rosé-Töne verleihen Ihnen jugendliche Frische.

1 Die Foundation gleichmäßig auftragen und abpudern, damit nichts mehr glänzt.

2 Das Augen-Make-up: Der Lidschatten in Hellbraun kommt in die Lidfalte. Darüber verblenden Sie ihn in Cream, Ivory kommt unter die Brauen. Das bewegliche Lid schminken Sie mit hellrosa Lidschatten. Entlang des Wimpernkranzes tragen Sie etwas Dunkelbraun auf. Tuschen Sie Ihre Wimpern und setzen Sie die künstlichen Wimpern in die Außenränder Ihrer Augen.

3 Tragen Sie das Rouge auf Ihre Bäckchen und unterhalb Ihres Wangenknochens zum Ohr hin auf. Tragen Sie am oberen Rand des Bäckchens und oberhalb des Wangenknochens den Highlighter auf und verblenden Sie ihn gut mit dem Rouge.

4 Tragen Sie den Lippenstift mit einem Pinsel auf und geben Sie etwas farbloses Gloss darüber.

MATERIAL

Flüssige Foundation
Gesichtspuder
Lidschatten mit Glimmer in
 Dunkelbraun, Hellbraun,
 Hellrosa, Cream und Ivory
Schwarzer Mascara
Einzelne künstliche Wimpern
 inklusive Klebstoff
Rouge in Rosaton
Highlighter mit Glimmer
Pinker Lippenstift
Farbloses Lipgloss

Marineblaue
FRENCH
NAILS

FRENCH NAILS SIND JA GANZ NETT, WIRKLICH TODSCHICK IST ABER NUR UNSERE VARIANTE. Vollkommen auf der Höhe der Zeit, Schätzchen – Matrosen werden begeistert sein!

1 Feilen Sie die Nägel zurecht und tragen Sie den transparenten Nagellack auf. Sobald diese Lage getrocknet ist, tragen Sie zwei Schichten Lack in Nude auf.

2 Mit dem Pinsel malen Sie sehr vorsichtig eine feine blaue Linie an Ihren Nagelspitzen.

3 Falls einmal etwas daneben geht, können Sie den anderen Pinsel mit Nagellackentferner tränken und als „Radierer" verwenden.

4 Um das Design zu schützen, tragen Sie am Schluss noch eine Schicht klaren Nagellack auf.

MATERIAL

Nagelfeile
Klarer Nagellack
Nagellack in Nude
2 Malpinsel
Marineblauer Nagellack
Nagellackentferner

BLÜMCHEN-
FINGERNÄGEL

HINREISSEND SEHEN DIESE FINGERNÄGEL MIT
EINEM LUFTIGEN SOMMERKLEID AUS.
Verwenden Sie verschiedene Farben,
die zu Ihrem Outfit passen.

1 Feilen Sie Ihre Fingernägel in eine gleichmäßige Form und
tragen Sie als Unterlack klaren Nagellack auf.

2 Lackieren Sie die Fingernägel abwechselnd in den beiden
Farben. Tragen Sie ruhig mehrere Lagen auf.

3 Mit dem Malpinsel malen Sie die Blumen. Fünf kleine Striche
gehen von der Mitte weg. Sie können eine oder zwei pro Nagel
aufmalen, ganz wie Sie wollen.

4 Reinigen Sie den Pinsel mit Nagellackentferner. Malen Sie
dann die Stiele auf. Von jeder Blütenmitte geht ein kleiner Strich
weg. Wenn zwei Blüten auf einem Nagel sind, die Stiele zusam-
menführen. Reinigen Sie den Pinsel erneut und setzen Sie zum
Abschluss einen kleinen Punkt in die Mitte jeder Blüte.

MATERIAL

Nagelfeile
Klarer Nagellack
2 komplementärfarbige Nagellacke
  in Pastelltönen, z.B. Gelb und
  Grün
Malpinsel
Nagellack für die Blümchen, z.B.
  Rot
Nagellackentferner
Nagellack für die Stiele, z.B.
  Dunkelbraun
Nagellack für die Blütenstempel,
  z.B. Hellgelb

Bunte
LEO-NÄGEL

FRÖHLICHE FINGERSPITZEN MIT DIESEM
TIERISCH ABGEFAHRENEN NAILDESIGN.
Mit leuchtenden Farben fallen Sie
garantiert auf.

1 Feilen Sie Ihre Nägel in eine gleichmäßige Form und grundie-
ren Sie sie mit dem klaren Nagellack.

2 Tragen Sie zwei Lagen der Hintergrundfarbe auf.

3 Mit dem Pinsel malen Sie die innere Leo-Farbe in unregel-
mäßigen Flecken auf, je ein großer und ein kleiner pro Nagel.
Lassen Sie alles trocknen.

4 Reinigen Sie den Pinsel mit Nagellackentferner und malen Sie
dann das äußere Leo-Muster. Wackeln Sie etwas beim Auftragen,
damit die Strukturen unregelmäßig und natürlich aussehen – wie
in freier Wildbahn. Lassen Sie alles trocknen. Versiegeln Sie das
Design mit einer Schicht farblosen Nagellack.

MATERIAL

Nagelfeile
Klarer Nagellack
Leuchtend bunter Nagellack für
   den Hintergrund, z. B. Neongrün
Malpinsel
Innerer Leo-Nagellack, z. B. Rot
Nagellackentferner
Äußerer Leo-Nagellack, z. B.
   Schwarz

LAVENDELSALZ-
HANDPEELING

200 g grobes Meersalz
100 ml Oliven- oder Mandelöl
20 Tropfen ätherisches Lavendelöl
2–3 EL Vitamin-E-Öl (wahlweise)
1–2 EL getrocknete Lavendelblüten
   (wahlweise)

Mischen Sie alle Zutaten in einer großen Schüssel. Behandeln Sie Ihre Hände mit einer Handvoll Peeling und spülen Sie sie gründlich mit warmem Wasser ab.

VOR EINER MANIKÜRE ODER NACH EINER KREATIVSESSION GIBT ES NICHTS WOHLTUENDERES ALS EIN SCHÖNES PEELING. Das Salz reinigt, und das Öl versorgt die Haut mit Feuchtigkeit. Legen Sie sich einen Vorrat in einem sauberen, luftdicht schließenden Behältnis an, z. B. in einem Einweckglas.

Die perfekte
HAND-
MASSAGE

MÜDE HÄNDE MACHT EINE MASSAGE WIEDER MUNTER. Entweder Sie massieren sich mit den vorgestellten Techniken selbst oder Sie gönnen einem Ihrer Mädels eine entspannende Verwöhnmassage.

Legen Sie sich ein Handtuch in den Schoß. Sie arbeiten nur mit einer Hand auf einmal und tragen zunächst Massagegel oder -öl auf. Massieren Sie bis zum Ellenbogen hin, bis die gesamte Massagelotion eingezogen ist.

Von den Muskeln im Handgelenk ausgehend arbeiten Sie sich mit sanft drehenden, pressenden Bewegungen zum Ellenbogen hin vor. Wenn Sie jemand anders massieren, nehmen Sie auch die andere Hand zuhilfe und setzen auf jeder Seite des Arms je eine ein. Am Ellenbogen angekommen, massieren Sie wieder hinunter zum Handgelenk.

Drehen Sie den Handrücken nach unten und massieren Sie fest die offene Handfläche. Dann sind die Zwischenräume der Finger dran. Drehen Sie die Hand wieder um und wiederholen Sie die letzten zwei Schritte. Massieren Sie jeden Finger einzeln von der Spitze herunter an den Ansatz. Drehen Sie den Finger behutsam in jede Richtung und ziehen Sie einmal schnell zum Abschluss.

Streichen Sie Unterarm und Hand vom Ellenbogen ausgehend aus und widmen Sie sich dann der anderen Hand.

Kaffee-GESICHTSMASKE

BESTANDTEILE

4 EL extrafein gemahlenes Espresso-
   pulver
4 EL Kakaopulver
8 EL Naturjoghurt

FÜR TROCKENE HAUT
2 EL Honig

FÜR FETTIGE HAUT
2 EL Zitronensaft

FÜR MISCHHAUT
1 EL Honig
1 EL Zitronensaft

Alle Zutaten kommen in den Küchenmixer und werden gemixt, bis eine glatte, homogene Masse entsteht. Tragen Sie die Maske auf Gesicht und Hals auf. Sparen Sie dabei die Augenpartie aus. 10 Minuten einwirken lassen. Mit warmem Wasser abtragen.

KOFFEIN GIBT IHRER HAUT DEN ULTIMATIVEN KICK!

Es entschlackt und macht munter – perfekt, um Sie kurz vor dem Ausgehen in Form zu bekommen oder für den Morgen danach. Ein Extravorrat im Kühlschrank sorgt für allzeit aufgeweckte Haut.

ERGIBT
4 MASKEN

AVOCADO-BANANEN-
GESICHTSMASKE

ERGIBT 1

BESTANDTEILE

Zerdrücktes Fruchtfleisch von ¼ Avocado
½ zerdrückte Banane
2 EL saure Sahne
1 TL Weizenkeimöl

Geben Sie alle Zutaten in den Küchenmixer und mixen Sie sie zu einer glatten, homogenen Masse. Tragen Sie die Maske auf Gesicht und Hals auf; sparen Sie die Augenpartie aus. 15 Minuten einwirken lassen, danach mit warmem Wasser abtragen.

DIESE REICHHALTIGE MASKE IST PERFEKT FÜR TROCKENE ODER NORMALE HAUT. SIE ENTHÄLT VIELE PROTEINE, DIE VON DER HAUT LEICHT AUFGENOMMEN WERDEN UND DIE SIE STÄRKEN UND SCHÜTZEN. Frisch ist diese Gesichtsmaske am wirkungsvollsten, deswegen empfiehlt es sich, sie erst kurz vor Anwendung zu mixen. Die Gesichtsmaske eignet sich perfekt als Kur vor dem Auftragen des Make-ups.

Schnelle
GESICHTSKUR

EINE GESICHTSBEHANDLUNG VERBESSERT DIE DURCHBLUTUNG IHRER HAUT UND ERZIELT SO EINEN VERJÜNGENDEN UND KLÄRENDEN EFFEKT. Sie können die Kur am Spiegel an sich selbst oder an einer Freundin anwenden.

Lange Haare binden Sie zunächst zurück. Wickeln Sie sich ein Handtuch um den Kopf, damit Ihnen keine Strähnen in die Stirn fallen.

Entfernen Sie jegliches Make-up und peelen Sie Ihr Gesicht. Mit kleinen kreisenden Bewegungen der Fingerspitzen massieren Sie das Peeling vom Kinn aufwärts zur Stirn hoch ein. Der Nasenregion und der Stirn kommt besondere Aufmerksamkeit zugute. Danach alles gründlich abspülen.

Füllen Sie eine Schüssel mit kochendem Wasser und halten Sie Ihren Kopf darüber. Legen Sie ein Handtuch über Kopf und Schüssel und lassen Sie den Dampf 5 Minuten wirken. Ihre Poren öffnen sich und Sie können Unreinheiten besser entfernen.

Tragen Sie die oben beschriebene Gesichtsmaske oder die Maske von Seite 101 nach Anleitung auf und entfernen Sie sie nach der entsprechenden Einwirkzeit. Schließen Sie die Kur mit einer guten Feuchtigkeitscreme ab.

ZITRONEN-WODKA-
Fußbad

ERGIBT
1

BESTANDTEILE

1 Ei, leicht geschlagen
240 ml Vollmilch
120 ml Zitronensaft
100 ml Wodka
Fußcreme

Geben Sie das Ei, den Zitronensaft, die Milch und den Wodka zusammen in eine Schüssel, in der Sie Ihre beiden Füße gleichzeitig baden können. Mischen Sie alle Bestandteile gut.

Weichen Sie Ihre Füße 15 Minuten ein; massieren Sie dabei Ihre Knöchel und Zehen. Rubbeln Sie Ihre Füße ab und baden Sie sie dann weitere 15 Minuten.

Spülen Sie Ihre Füße mit warmem Wasser und trocknen Sie sie gründlich ab. Das Fußbad schütten Sie weg. Zum Abschluss tragen Sie etwas Fußcreme auf.

AUCH FÜSSE BRAUCHEN EIN BISSCHEN LIEBE – DAS WIRD VIEL ZU OFT VERGESSEN. Dieses zitrusfrische Fußbad macht die Haut Ihrer Füße weich und bereitet Sie optimal auf Pflege vor. Der Wodka verleiht dem Fußbad antiseptische Wirkung.

Fußpeeling
MIT BRAUNEM ZUCKER

ERGIBT
1

BESTANDTEILE

2 EL Haferschrot
2 EL brauner Zucker
2 EL Aloe-Vera-Gel
1 EL Honig
1 TL Zitronensaft
1 TL Mandel- oder Olivenöl

Im Küchenmixer mixen Sie das Haferschrot, bis es die Konsistenz von grobem Sand hat. Geben Sie es in eine Schüssel und mischen Sie es mit den übrigen Zutaten zu einer Paste.

Massieren Sie das Peeling ein und schenken Sie rauen Partien Ihrer Füße besondere Aufmerksamkeit – etwa Ihren Fersen und großen Zehen. Mit warmen Wasser gründlich abspülen.

ZUCKERRAUSCH FÜR DIE FÜSSE! Mit diesem Peeling lassen sich wunderbar Schüppchen von den Füßen entfernen. Zurück bleiben babypopoglatte und wunderbar duftende Füße.

Herzhafte Leckereien, Süßkram und Cocktails!

Es ist wissenschaftlich belegt: Mädels lieben Party-snacks! In diesem Kapitel habe ich einige leicht zuzu-bereitende, aber dennoch Eindruck schindende Rezepte zusammengestellt. Unter den herzhaften Leckereien finden sich klassisch bewährte Partyrezepte wie Pizza sowie fancy Fingerfood, wie die noblen schottischen Chorizo-Eier. Süßkram hat einen festen Platz in meinem Herzen, deswegen habe ich atemberaubende Rezepte für Kuchen und Desserts hinzugefügt. Die Rüschentorte mit Pfirsichen und Sahne und die witzigen Cupcakes in Eiswaffeln sind einfach verlockend! Mit den Cocktails kommt richtig Schwung in die Bude. Bereiten Sie bes-ser etwas mehr vor: die Leckereien sind schneller weg, als man denkt!

HERZHAFTE
Pizza
MIT KNACKIGEM COLESLAW

ERGIBT
2 PIZZEN FÜR
4–6 PERSONEN

ZUTATEN

FÜR DEN PIZZATEIG
250–350 ml lauwarmes Wasser
1 EL Trockenhefe
2 TL klarer, dünnflüssiger Honig
2 EL natives Olivenöl und ein wenig
   zum Einfetten
550 g hochwertiges, backstarkes
   Weizenmehl und ein wenig zum
   Bestäuben
1 TL Salz
½ TL gemahlener schwarzer Pfeffer

FÜR DIE TOMATENSAUCE
2 EL Olivenöl
1 Zwiebel, fein gehackt
2 Knoblauchzehen, zerdrückt
Lorbeerblatt
1 TL getrockneter Oregano
400 g gehackte Tomaten aus der Dose
2 EL Tomatenmark
Meersalz und schwarzer Pfeffer

FÜR DEN BELAG
Die Wahl steht Ihnen frei, ich verwende
am liebsten: Schinken, Salami, Chorizo,
Pancetta, geräuchertes Hühnchen,
Sardellen, getrocknete Tomaten, rote
Zwiebeln, Oliven, Mais, gegrillte Paprika,
Pilze, Büffelmozzarella, Basilikum und
Parmesan.

Geben Sie für den Teig 150 ml lauwarmes Wasser in eine Schüssel und rühren Sie die Hefe unter. Decken Sie die Schüssel mit einem Geschirrtuch ab und stellen Sie sie für 5 Minuten an einen warmen Ort. Anschließend den Honig und das Olivenöl hinzugeben und gut verrühren.

Sieben Sie das Mehl und die Gewürze in eine große Schüssel und formen Sie eine Mulde in der Mitte. Gießen Sie die Hefemischung hinein und vermischen Sie alles mit den Fingerspitzen. Geben Sie nach und nach das restliche Wasser hinzu, aber nur, bis sich ein leicht klebriger Teig ergeben hat.

Legen Sie den Teig auf eine leicht mit Mehl bestäubte Arbeitsfläche und kneten Sie ihn 10 Minuten lang, bis er geschmeidig ist. Bleiben Sie konsequent bei der Arbeit, fassen Sie das Ganze einfach als ausgiebiges Workout für Ihre Arme auf!

Fetten Sie eine Schüssel, die doppelt so groß wie der Teig ist, mit etwas Öl ein. Verlagern Sie den Teig in die Schüssel und bedecken Sie diese mit einem feuchten Geschirrtuch. Stellen Sie sie für 1 Stunde an einen warmen Ort, bis der Teig die doppelte Größe angenommen hat.

Machen Sie in der Zwischenzeit die Tomatensauce. Erhitzen Sie das Öl in einem Topf, geben Sie die Zwiebeln hinein und braten Sie sie 2–3 Minuten lang, oder bis sie braun sind. Geben Sie Knoblauch, Lorbeerblatt und Oregano hinzu und kochen Sie alles 2–3 Minuten lang, bis sich das Aroma entfaltet hat.

Geben Sie Tomaten und Tomatenmark hinzu. Kurz aufkochen und dann 15–20 Minuten köcheln lassen, oder bis die Sauce sämig geworden ist. Mit Gewürzen abschmecken und zum Abkühlen vom Herd nehmen.

Heizen Sie den Ofen auf 220 °C vor (Gasherd Stufe 5).

Sobald der Teig aufgegangen ist, drücken Sie mit der Faust Luftbläschen heraus. Legen Sie ihn auf eine mit Mehl bestäubte Arbeitsfläche und kneten Sie ihn geschmeidig. Teilen Sie den Teig in 2 Teile.

Drücken Sie ein Stück Teig mit der Handinnenseite flach. Als nächstes (jetzt wirds lustig) heben Sie es auf und klatschen es so fest, wie Sie können, auf die Arbeitsfläche. Rollen Sie den Teig mit dem Nudelholz aus, bis er so groß wie Ihr Back- oder Pizzablech ist. Den Vorgang für das andere Teigstück wiederholen.

Legen Sie Ihr Backblech mit Backpapier aus und legen Sie den Teig darauf. Geben Sie einen großzügigen Schlag Sauce und den Belag darauf. 10–15 Minuten lang backen, oder bis die Ränder braun sind.

Knackiger Coleslaw

ZUTATEN

½ kleiner Weißkohl, in dünne Scheiben geschnitten
½ kleiner Rotkohl, in dünne Scheiben geschnitten
1 kleine weiße Zwiebel, in dünne Scheiben geschnitten
3 Karotten, gerieben
2 EL vollfette Mayonnaise
1 EL Zucker
Olivenöl
Meersalz und schwarzer Pfeffer

Vermischen Sie das geschnittene Gemüse, die Mayonnaise und den Zucker. Mit etwas Olivenöl beträufeln und mit Gewürzen und Salz und Pfeffer abschmecken.

KEIN GESELLIGER ABEND OHNE PIZZA! Nach besten Wissen und Gewissen empfehle ich dieses Rezept. Es funktioniert wirklich jedes Mal. Den Boden können Sie vorher zubereiten, er wird je nach persönlichem Geschmack belegt. Ich finde, dass zu Pizza Coleslaw einfach dazugehört. Es ist für mich die perfekte knackige Ergänzung.

Mini-Burger und Pommes
vom Wochenmarkt

ZUTATEN

FÜR DIE BRÖTCHEN
Weißbrot-Backmischung
Etwas Milch zum Bestreichen
Sesamsamen

FÜR DIE BULETTEN
1 kg mageres Hackfleisch
1 kleine Zwiebel, fein gehackt
4 EL feine Semmelbrösel
1 Ei, leicht geschlagen
1 rote Chili, fein gehackt
1 TL Salz
1 TL Senfpulver
½ TL schwarzer Pfeffer
2 zerdrückte Knoblauchzehen
Olivenöl zum Braten

ZUM GARNIEREN
6 Tomaten, in Scheiben geschnitten
1 kleiner Kopf Römersalat
Essiggurken, Würze und Ketchup (wahlweise)

FÜR DIE POMMES
6 besonders große mehlige Kartoffeln,
  geschält
200 ml Pflanzenöl
Feines Meersalz

POMMES UND BURGER, WIE MAN SIE IN
LONDON AUF DEM BOROUGH MARKET
BEKOMMT, haben mich zu diesem
Rezept inspiriert. Die Mini-Burger
sind mit einem Happ weg und
die Pommes macht eine spezielle
Zubereitungstechnik einfach
un-wi-der-steh-lich!

Rühren Sie den Brötchenteig an. Legen Sie 2 Backbleche mit Backpapier aus. Nehmen Sie eine Handvoll Teig und rollen Sie ihn zu Kugeln mit 2,5 cm Durchmesser. Es sollten ca. 20 werden. Verteilen Sie sie auf den Backblechen. Sie werden auf die doppelte Größe aufgehen. Decken Sie das Blech mit einem feuchten Geschirrtuch ab und stellen Sie es für 1 Stunde an einen warmen Ort. Heizen Sie den Ofen auf 220 °C vor (Gasherd Stufe 5).

Bepinseln Sie die Brötchen mit Milch und bestreuen Sie sie mit Sesamsamen. Backen Sie sie 15–20 Minuten, oder bis sie goldbraun sind. Lassen Sie sie auf einem Rost abkühlen. Die Brötchen sind in einer Box 4 Tage lang, tiefgefroren bis zu 3 Monate haltbar.

Geben Sie für die Buletten alle Zutaten bis auf das Öl in eine Schüssel. Vermischen Sie alles mit der Hand, aber nicht zu stark kneten. Formen Sie mit feuchten Händen 4,5–5 cm große Küchlein. Sie sollten etwa 1 cm dick sein und die Kanten glatt.

Erhitzen Sie das Öl in einer antihaftbeschichteten Pfanne und braten Sie die Buletten auf jeder Seite 2–3 Minuten lang, oder bis sie braun sind. Braten Sie sie in Schüben.

Schneiden Sie die Brötchen auf und garnieren Sie sie mit einer Tomatenscheibe, einem Salatblatt, Essiggurken, Würze und Ketchup. Spießen Sie die Burger mit einem Zahnstocher auf.

Schneiden Sie die Kartoffeln für die Pommes in Stifte (7 cm lang, 1 cm dick). Heizen Sie den Ofen auf 200 °C vor (Gasherd Stufe 4).

Geben Sie die Stifte in einen Topf mit kochendem Wasser und blanchieren Sie sie 3–4 Minuten lang. Gießen Sie das Kochwasser ab und reiben Sie die Pommes mit Küchenpapier trocken.

Erwärmen Sie das Öl auf mittlere Hitze (120 °C) in einer flachen Pfanne oder einer Fritteuse. Braten Sie jeweils eine Handvoll Pommes für 5–6 Minuten – dadurch verliert das Öl weniger Hitze. Nehmen Sie die Pommes vorsichtig mit einem Schaumlöffel aus der Pfanne und legen Sie sie auf etwas Küchenpapier.

Legen Sie ein Backblech mit Backpapier aus. Backen Sie die Pommes 8–10 Minuten lang, oder bis sie knusprig sind.

Schneiden Sie für die Pommesbecher 10 cm x 21 cm große Rechtecke aus gemustertem Karton aus und rollen Sie sie zu einer Trichterform. Mit einer Heftklammer fixieren.

SATAY-HÄHNCHEN
MIT ERDNUSSDIP

ZUTATEN

4 Hähnchenbrustfilets ohne Haut, ungefähr
   500 g, in Viertel geschnitten

FÜR DIE MARINADE

1 EL klarer, dünnflüssiger Honig

1 EL Sojasauce

Ein paar Tropfen Tabascosauce

1 Knoblauchzehe, zerdrückt

1 EL frischer, geriebener Ingwer

FÜR DEN ERDNUSSDIP

1 ½ EL Erdnussöl

3 Schalotten, fein gehackt

1 rote Chilischote, die Samen entfernt
   und gehackt

1 EL frischer, geriebener Ingwer

2 Knoblauchzehen, zerdrückt

100 g ungesalzene, geröstete Erdnüsse

Saft einer Limette

1 ½ EL Sojasauce

1 EL hellbrauner Zucker

1 EL gehackte Korianderblätter

DIESES GERICHT KOMMT IMMER GUT AN.
Um sich die Zubereitungszeit zu
verkürzen, können Sie die Filets
bereits am Vorabend marinieren.

Vermischen Sie die Zutaten der Marinade in einer großen Schüssel.
Geben Sie das Fleisch hinzu und bedecken Sie die Schüssel mit
Klarsichtfolie. Für mindestens 30 Minuten so lassen, besser noch
die Nacht über im Kühlschrank.

Weichen Sie 16 Bambusspieße in warmem Wasser 20–30 Minuten
lang ein.

Bereiten Sie den Dip zu. Erhitzen Sie das Öl in einer Bratpfanne
und braten Sie die Schalotten 2–3 Minuten lang, bis sie weich
sind. Rühren Sie Chili, Ingwer und Knoblauch hinein und garen
Sie alles 2 Minuten lang. Geben Sie die Erdnüsse hinzu und garen
Sie alles weitere 2 Minuten. Nehmen Sie die Pfanne zum Abkühlen vom Herd.

Geben Sie die Mischung für den Dip zusammen mit den übrigen
Zutaten in einen Mixer. Mit kurzen, kräftigen Stößen zu einer
groben Konsistenz zerkleinern.

Heizen Sie den Grill
auf die höchste
Temperatur vor.
Stecken Sie jeden
Streifen Fleisch auf
einen eigenen
Spieß. Auf jeder
Seite 3–4 Minuten
lang grillen, oder
bis die Streifen gar
sind. Zusammen
mit dem Dip
servieren.

Noble
SCHOTTISCHE CHORIZO-EIER

ZUTATEN

12 Wachteleier

150 g Mehl und ein wenig zum Bestäuben

300 g Schweinefleisch (etwa
  4 Würstchen)

200 g Chorizo-Wurstbrät, die Haut entfernt
  und in einem Mixer grob zerkleinert

1 Handvoll fein gehackte
  glatte Petersilie

1 TL Paprika

Meersalz und schwarzer Pfeffer

2 große Eier, geschlagen

110 g getrocknete Semmelbrösel

Pflanzenöl zum Braten

ZUGEGEBENERMASSEN HÄTTE ICH BIS VOR
KURZEM SCHOTTISCHE EIER AUF DEM KALTEN
BUFFET MIT VERACHTUNG GESTRAFT. Ich
habe meine Meinung erst geändert, als
ich die Variante mit Chorizo probiert
habe. Die spanische Variante schmeckt
so viel herzhafter und feiner als ihr
schottischer Verwandter.

Kochen Sie Wasser in einem Topf auf, geben Sie die Wachteleier
hinein und kochen Sie sie 4 Minuten lang. Gießen Sie das Wasser
ab und füllen Sie den Topf erneut mit kaltem Wasser auf.

Pellen Sie die Eier – am leichtesten bricht die Schale auf, wenn
die Eier zuerst behutsam über die Arbeitsfläche gerollt werden.
Pellen Sie sie daraufhin unter laufendem lauwarmem Wasser.
Mit Küchenpapier abtrocknen und mit etwas Mehl bestäuben.

Vermischen Sie das Wurstfleisch mit Petersilie und Paprika in
einer Schüssel.

Breiten Sie ein Stück Klarsichtfolie auf einer ebenen Fläche aus
und legen Sie eine handgroße Menge Fleischmischung in die
Mitte. Drücken Sie sie zu einem 7–8 cm großen Küchlein platt
und legen Sie das gekochte Ei hinein. Legen Sie mithilfe der
Klarsichtfolie die Fleischmischung um das Ei, bis es vollkommen
damit umschlossen ist. Vorgang mit den restlichen Eiern
wiederholen.

Geben Sie die geschlagenen Eier, das Mehl und die Semmelbrösel
in 3 getrennte Schüsseln. Tunken Sie jedes in Fleisch gehüllte Ei
in das Mehl, dann ins Ei und am Schluss in die Semmelbrösel, bis
sie gut bedeckt sind.

Braten Sie sie 5–6 Minuten lang in Öl heiß an und wenden Sie
sie hin und wieder, bis sie überall schön braun sind. Am besten
schubweise garen. Auf Küchenpapier abtropfen lassen und heiß
oder kalt servieren. Die Eier können in einem Ofen bei 200 °C
(Gasherd Stufe 4) in 5 Minuten aufgewärmt werden.

Bacon und Ahornsirup

1 TL Olivenöl
400 g dick geschnittener Speck
50 g Popcorn
180 ml Ahornsirup
½ TL Salz
1 TL gemahlener schwarzer Pfeffer

Erhitzen Sie das Öl in einer Bratpfanne. Legen Sie den Speck hinein,
braten Sie ihn knusprig und legen
Sie ihn zum Abtropfen auf etwas
Küchenpapier. Heben Sie 2 EL Fett
aus der Pfanne auf.

Heizen Sie den Ofen auf 170 °C vor
(Gasherd Stufe 2–3).

Zerbröckeln Sie den Speck und
rühren Sie ihn zusammen mit dem
aufgehobenen Fett, Sirup, Salz und
Pfeffer in das Popcorn.

Legen Sie ein Blech mit Backpapier
aus und breiten Sie die Masse in
einer einzigen Schicht darauf aus.
10 Minuten lang unter gelegent-
lichem Rühren backen. Heiß
servieren.

*Eine Handvoll hiervon
und Sie sind in Mexiko.
Diese göttliche Mischung
birgt authentisch würzige
Käsegeschmack in sich.*

*Es gibt keine bessere Combo als
süßem Ahornsirup mit salzigem
Bacon. Stellen Sie diese Mischung
am besten eimerweise her, denn sie
wird weg sein, bevor Sie »super-
califragilistic« sagen können.*

TEX-MEX

50 g Popcorn
8 TL geriebener Cheddar
6 TL geriebene Limettenschale
  (ungefähr 6 Limetten)
¼ TL Chilipulver
¼ TL Cayennepfeffer
¾ TL Salz
3 EL geschmolzene Butter

Die Zutaten in einer Schüssel
wälzen, bis sie gut vermischt sind.

PIKANTES POPCORN

FILME GUCKEN OHNE POPCORN? UNDENKBAR!

Aber die Standardvarianten – süß oder salzig – werden irgendwann langweilig. Schärfen Sie Ihre Sinne mit dieser überraschend leckeren Auswahl an ungewöhnlichen Alternativen!

Chili-Schokolade mit Orangennote

50 g Popcorn
4 ½ EL geriebene dunkle Schokolade
½ TL Zimt
½ TL geriebene Orangenschale
(ungefähr 1 große Orange)
1 ½ TL Zucker
¼ TL Cayennepfeffer
¼ TL Salz
3 EL geschmolzene Butter

Die Zutaten in einer Schüssel wälzen, bis sie gut vermischt sind.

Diese Kombination schmeckt scharf, süß und pikant zugleich – eine Geschmacksexplosion im Wortsinn!

Scharfe VEGGIE-SAMOSAS

ERGIBT 24 STÜCK

ZUTATEN

FÜR DEN TEIG

225 g Mehl und etwas zum Bestäuben

2 TL Salz

2 EL Pflanzenöl

80 ml warmes Wasser

Pflanzenöl zum Braten

FÜR DIE GEMÜSEFÜLLUNG

1 EL Pflanzenöl

1 weiße Zwiebel, fein gehackt

2 Knoblauchzehen, zerdrückt

2 EL Currypulver

½ TL Chilipulver

1 große Kartoffel, fein gewürfelt

1 Karotte, fein gewürfelt

150 g gefrorene Erbsen

100 ml Gemüsebrühe

Meersalz und schwarzer Pfeffer

WEIL ICH MIT EINEM INDISCHSTÄMMIGEN BRITEN VERHEIRATET BIN, DUFTET ES IN MEINER KÜCHE IMMER NACH INDISCHEN GEWÜRZEN. Dieses Rezept stammt von der Tante meines Mannes, welche, wie seine ganze Familie, eine hervorragende Köchin ist. Verwenden Sie fertigen Filo-Teig, wenn Sie Zeit sparen wollen.

Sieben Sie für den Teig Mehl und Salz in eine große Schüssel und formen Sie eine Mulde in der Mitte. Gießen Sie das Öl hinein und geben Sie nach und nach ausreichend Wasser für einen festen, nicht klebrigen Teig hinzu.

Kneten Sie den Teig auf einer mit Mehl bestäubten Arbeitsfläche geschmeidig. Legen Sie ihn in die Schüssel zurück und verschließen Sie diese mit Klarsichtfolie. 30 Minuten lang bei Raumtemperatur ruhen lassen.

Bereiten Sie in der Zwischenzeit die Füllung zu. Erhitzen Sie das Öl in einer Pfanne. Geben Sie Zwiebeln, Knoblauch, Curry- und Chilipulver hinzu und braten Sie alles 3–4 Minuten lang, oder bis die Zwiebeln weich sind. Geben Sie die Kartoffel, Karotte und Erbsen hinzu und verrühren Sie sie gut. Brühe und Gewürze dazufügen, mit einem Deckel abdecken und 30 Minuten köcheln lassen, oder bis alles gar ist. Zum vollständigen Abkühlen vom Herd nehmen.

Teilen Sie den Teig in 24 gleiche Teile. Rollen Sie jedes Stück mit feuchten Händen zu einer Kugel und walzen Sie diese mit einem Nudelholz zu 15 cm breiten Kreisen flach.

Setzen Sie 1 EL der abgekühlten Füllung in ein Kreisviertel und befeuchten Sie die Ränder mit Wasser. Klappen Sie den Teig in der Mitte über die Mischung, sodass ein Halbkreis entsteht. Falten Sie den Teig ein zweites Mal in der Mitte, sodass ein Kreisviertel und die typische Samosaform entsteht. Für die restliche Teigmischung und Füllung wiederholen.

Frittieren Sie die Samosas in einer Fritteuse oder einer tiefen Pfanne mit heißem Öl (die Pfanne muss so tief sein, dass die Samosas darin untertauchen) 3–4 Minuten lang, oder bis sie knusprig und braun sind. Nehmen Sie sie vorsichtig mit einem Schaumlöffel heraus und legen Sie sie zum Abtropfen auf Küchenpapier.

Minz-Granatapfel-Raita

Vermischen Sie behutsam 4 EL griechischen Joghurt mit ½ TL gemahlenen Koriander, ½ TL gemahlenen Kreuzkümmel, einer Handvoll gehackter Minzblätter, ein wenig Meersalz und dem Saft und den Samen eines halben Granatapfels.

Je nach Bedarf mit ein paar weiteren Granatapfelsamen und Minzblättern garnieren. Vor dem Servieren 10 Minuten lang im Kühlschrank kalt stellen.

Fischfrikadellen aus *Dorset*
MIT AIOLI

ZUTATEN

FÜR DIE FISCHFRIKADELLEN

300 g kaltes Kartoffelpüree

6 Frühlingszwiebeln, geputzt und fein
  geschnitten

1 EL Meerrettichsauce

250 g gepfefferte geräucherte Makrelen-
  filets, ohne Haut

2 EL Mehl

1 Ei, geschlagen

85 g trockene Semmelbrösel

Sonnenblumenöl zum Braten

FÜR DIE AIOLI

150 g Mayonnaise

1 Knoblauchzehe, zerdrückt

Meersalz und schwarzer Pfeffer

1 TL Dijonsenf

2 EL Olivenöl

Vermischen Sie das Püree, Frühlingszwiebeln und die Meerrettichsauce in einer großen Schüssel. Zupfen Sie die Makrele in
Flocken und rühren Sie diese im Kartoffelpüree unter, ohne dass
sie dort weiter zerfallen.

Formen Sie aus der Mischung mit Ihren Händen etwa 20 gleich-
große Küchlein mit 4–5 cm Durchmesser. Drücken Sie sie etwas
platt und wälzen Sie sie im Mehl. Tauchen Sie sie ins Ei und
überziehen Sie sie mit Semmelbröseln. Abdecken und vorläufig
im Kühlschrank kalt stellen.

Grillen Sie die Fischfrikadellen oder braten Sie sie für 5–6 Minuten
scharf auf jeder Seite an, bis sie kross, goldbraun und auch im
Inneren warm sind.

Vermischen Sie für die Aioli einfach alle Zutaten in einer Schüssel.
Servieren Sie sie zu den Fischfrikadellen.

MEINE FAMILIE BESITZT EIN FERIENHAUS IN
DORSET UND JEDEN SOMMER GEHEN WIR ZUM
MAKRELENFISCHEN AN DEN STRAND. Fisch,
frisch aus dem Meer, ist wirklich das
Allerleckerste; kein Wunder, dass so
viele berühmte Köche aus der Gegend
kommen. Ich stehe total auf gute
Fischfrikadellen, deswegen hier meine
Fingerfood-Variante. Sie können Sie
am Vortag zubereiten und im Kühlschrank aufheben oder einen Tiefkühl-
vorrat anlegen.

ERGIBT
20 STÜCK

DIPS *für* CHIPS!

GUACAMOLE

Machen Sie diesen klassisch mexikanischen Dip so scharf, wie Sie wollen! Lecker mit Tortilla-Chips. Augenblicklich servieren oder mit Zitronensaft beträufeln und in den Kühlschrank stellen.

Zutaten

2 große, reife Avocados, geschält und entkernt
½ rote Zwiebel
1–2 rote Chilischoten, die Samen entfernt
2 EL gehackte Korianderblätter
1 EL frischer Limetten- oder Zitronensaft
Meersalz und schwarzer Pfeffer
1 Tomate, Samen und Fruchtfleisch entfernt
  und grob gehackt

Zerkleinern Sie alle Zutaten in einer Küchenmaschine, bis sie grob gehackt sind und etwas Struktur noch erhalten ist. In eine kleine Schüssel geben.

ZAZIKI

Diesen traditionellen Mezze-Dip mag ich am liebsten; er passt sehr gut zu in Scheiben geschnittenen Karotten, Gurke oder Stangenselerie.

Zutaten

1 kleine Gurke, geschält und die Samen entfernt
350 ml griechischer Joghurt
2 EL frischer Zitronensaft
2 Knoblauchzehen, zerdrückt
Olivenöl zum Garnieren
Paprikagewürz zum Garnieren

Raspeln Sie die Gurke und pressen Sie die verbliebene Flüssigkeit mit einem sauberen Geschirrtuch heraus. Geben Sie alles in eine kleine Schüssel und mischen Sie den Joghurt, Zitronensaft und Knoblauch unter. Mit Olivenöl beträufeln und mit etwas Paprikagewürz berieseln.

Hummus

Seit Jahren ein beliebtes Exportprodukt aus Vorderasien. Sein cremiger Geschmack passt hervorragend zu gegrilltem Pita-Brot.

Zutaten

200 g Kichererbsen aus der Dose,
  abgetropft und gewaschen
2 Knoblauchzehen, zerdrückt
1 TL gemahlener Kreuzkümmel
100 ml Sesampaste
4 EL Wasser
2 EL frischer Zitronensaft
Salz zum Abschmecken
Olivenöl zum Garnieren
Paprikagewürz zum Garnieren

Mischen Sie alle Zutaten in einer Küchenmaschine, bis eine stückige Masse entsteht. Mit zusätzlichem Salz oder Zitronensaft abschmecken. In einer flachen Schale mit etwas Olivenöl beträufelt und etwas Paprikagewürz berieselt servieren.

SIE TUN GUT DARAN, DIESE REZEPTE IM ÄRMEL ZU HABEN! SIE SCHMECKEN BESONDERS GUT, WENN SIE FRISCH ZUBEREITET WERDEN.
Diese Dip-Klassiker sind eine beliebte Leckerei und werden mit Chips, Gemüsesticks, Pita-Brot oder Tortillas serviert. Einfach und effektvoll!

Mini-Quiches
mit Spinat und Ricotta

Zutaten

FÜR DIE FÜLLUNG
1 EL Olivenöl
1 weiße Zwiebel, fein geschnitten
3 Knoblauchzehen, zerdrückt
200 g frischer Spinat, gewaschen
4 große Eier, etwas gequirlt
200 g Ricottakäse
100 ml Sahne
100 g Cheddar, gerieben
1 TL gemahlener Kreuzkümmel
Meersalz und schwarzer Pfeffer

FÜR DEN TEIG
Butter zum Einfetten
500 g Packung Blätterteig
Mehl zum Bestäuben

Heizen Sie den Ofen auf 180 °C vor (Gasherd Stufe 3).

Erhitzen Sie das Olivenöl in einer Bratpfanne. Braten Sie Zwiebeln und Knoblauch 2–3 Minuten lang, oder bis sie etwas braun sind. Vom Herd nehmen.

Geben Sie den Spinat in eine Pfanne und lassen Sie ihn 2–3 Minuten garen (1–2 Minuten in der Mikrowelle), bis er zusammenfällt. Pressen Sie behutsam das verbliebene Wasser aus dem Spinat und legen Sie ihn zum Abkühlen auf die Seite.

Vermischen Sie die übrigen abgekühlten Zutaten für die Füllung in einer großen Schüssel und schmecken Sie sie mit Gewürzen ab.

Fetten Sie ein 12er-Muffinblech ein. Rollen Sie den Teig auf einer mit Mehl bestäubten Arbeitsfläche aus und schneiden Sie ihn in 12 gleich große Stücke. Legen Sie jedes Stück in eine der Vertiefungen im Muffinblech, drücken Sie es in Form und schneiden Sie den oben überstehenden Teig ab. Löffeln Sie die Mischung in die Schälchen – die Mischung geht beim Erhitzen auf, weswegen Sie die Schälchen nur zu 2 Dritteln befüllten sollten.

20–25 Minuten lang backen, oder bis die Mischung fest und goldbraun geworden ist. Beim Abkühlen sinkt die Füllung etwas ab.

ERGIBT
12 STÜCK

DIESE DEFTIGEN HÄPPCHEN SIND AUF
JEDER PARTY GERN GESEHENE GÄSTE
UND EIGNEN SICH GUT FÜR VEGETARIER.
Die überraschende Zimtnote passt
hervorragend sowohl zum Käse
als auch zum Spinat.

Brie-Ofenkäse mit Honig
UND KARAMELLISIERTEN NÜSSEN

Heizen Sie den Ofen auf 200 °C vor (Gasherd Stufe 4).

Legen Sie einen Brie (250 g) in eine Auflaufform. Schneiden Sie die Oberseite ein, beträufeln Sie sie mit Olivenöl und bedecken Sie sie mit 2 Thymianzweigen.

Mit Folie abdecken und 10–15 Minuten lang backen, oder bis der Käse sich weich anfühlt.

Schmelzen Sie 1 EL Butter in einer Pfanne und rühren Sie 2 EL hellbraunen Zucker und 1 TL Zimt unter. Geben Sie je eine Handvoll Walnüsse und Pekannüsse hinzu und schwenken Sie sie zum Karamellisieren etwa 2 Minuten lang in der Pfanne. Vom Herd nehmen.

Beträufeln Sie den gebackenen Brie mit 2 EL klarem, flüssigem Honig und berieseln Sie die Oberseite mit den gewürzten Nüssen. Mit gerösteten Baguettescheiben servieren.

Rüschentorte
mit Pfirsichen und Sahne

FÜR DEN BISKUIT

310 g mit Backpulver gemischtes Mehl
85 g gemahlene Mandeln
225 g weiche Butter
400 g Streuzucker
4 Eier
1 ½ TL Mandelextrakt
1 ½ TL Vanilleextrakt
250 ml Milch

FÜR DIE FÜLLUNG

300 ml Schlagsahne
225 g frische Himbeeren
1 Dose Pfirsiche in Scheiben, abgetropft

FÜR DIE RÜSCHENGLASUR

75 g Butter, Raumtemperatur
550 g Puderzucker, gesiebt
1 ½ EL Vanilleextrakt
4 EL Milch
Rosa Lebensmittelfarbe

Spritztülle für Blütenblätter
  (z.B. Nr. 104 von Wilton)
Spritzbeutel
Palettenmesser

8-10
PORTIONEN

Heizen Sie den Ofen auf 180 °C vor (Gasherd Stufe 3). Legen Sie 3 Kuchenformen (Ø 20 cm) mit Backpapier aus.

Sieben Sie das Mehl und die Mandeln in eine Rührschüssel.

Verquirlen Sie in einer großen Schüssel die Butter und den Zucker, bis eine lockere Masse entsteht. Schlagen Sie die Eier eines nach dem anderen hinein. Falls die Mischung zu stocken droht, geben Sie 1 EL Mehl hinzu. Rühren Sie beide Extrakte unter.

Schlagen Sie immer 1 Drittel des Mehls unter, dann 1 Drittel der Milch, bis alles vermischt ist. In die Backformen gießen und für 25–30 Minuten backen, bis an einem hineingesteckten Spieß nichts mehr kleben bleibt. Auf einem Gitter auskühlen lassen.

Bereiten Sie die Füllung zu. Schlagen Sie die Sahne in einer großen Schüssel mit einem Handrührgerät auf mittlerer Stufe steif.

Legen Sie 1 Stück Backpapier auf eine Kuchenplatte oder einen flachen Teller. Legen Sie den ersten Tortenboden auf die Platte und bedecken Sie ihn mit der Hälfte der Sahne. Legen Sie die Hälfte der Himbeeren und Pfirsiche auf die Sahne. Setzen Sie den zweiten Boden darüber und gehen Sie für die Füllung wie beim ersten vor. Mit dem dritten Boden abdecken.

Verquirlen Sie für die Glasur die Butter und den Puderzucker. Schlagen Sie Vanilleextrakt, Milch und ein paar Tropfen Lebensmittelfarbe unter – ein rosafarbener Pastellton sollte entstehen.

Geben Sie die Hälfte der Glasur mit einem Löffel oben auf die Torte und verteilen Sie sie als gleichmäßig dünne Schicht mit einem Palettenmesser über die Oberseite und die Seiten. Diese Schicht wird später von den Rüschen verdeckt sein.

Befestigen Sie die Tülle am Spritzbeutel und füllen Sie diesen mit der Glasur. Glasieren Sie ein 2 cm breites Zickzackmuster von oben nach unten. Der dünnere Punkt der Tülle zeigt dabei nach oben. Sobald Sie unten angekommen sind, fangen Sie oben eine neue Linie an. Als nächstes wird die Oberseite glasiert. Fangen Sie vom Mittelpunkt aus an und gehen Sie in der gleichen Zickzackbewegung vor. Werden Sie nach außen hin weiter.

Übertragen Sie für die Tortenfigur die Vorlage auf Seite 184 auf dünnen Karton und schneiden Sie sie aus. Kleben Sie 2 Zahnstocher auf die Rückseite und stecken Sie sie in die Tortenmitte.

SERVIEREN SIE DIESE TORTE UND ALLEN
BLEIBT DER MUND OFFEN STEHEN. Dann
verziehen sich die Lippen zu einem
glücklichen Lächeln. Rosa Rüschen,
göttliche, nach Vanille schmecken-
den Glasur, feiner Mandelbiskuit,
der sich mit Schichten von Pfirsich,
Himbeeren und Sahne abwechselt,
das alles gekrönt von einem Paar
ganz famoser Beine – was kann sich
ein Mädchen mehr wünschen?

Banoffee-
EISCREME-TORTE

ZUTATEN

FÜR DIE TORTE
4 Bananen, in 1 cm dicke Stücke
  geschnitten
200 g Vollkornkekse
50 g Butter, geschmolzen
2 Eiweiß
450 g qualitativ hochwertiges
  Vanilleeis
10 g weiße Schokolade,
  gerieben (wahlweise)

FÜR DAS TOFFEE
85 g Butter
210 g hellbrauner Zucker
150 ml Crème double

HIER EINE MODERNE VARIANTE DES ALL-SEITS BELIEBTEN BANOFFEE PIES.

Auf der Zunge schmelzende Schichten Eiscreme auf dem oberhammerleckeren Boden aus Keks und Karamell machen diese Torte zu einer kulinarischen Granate. Das Rezept entsteht Schritt für Schritt, dazwischen bleibt genug Zeit, auch andere Dinge zu erledigen.

Legen Sie die Bananenscheiben in eine Metallschüssel und stellen Sie diese für 1–2 Stunden in den Gefrierschrank.

Legen Sie in der Zwischenzeit die Kekse in einen wiederverschließbaren Lebensmittelbeutel und schlagen Sie sie mit einem Nudelholz zu Krümeln. Schütten Sie sie in eine Rührschüssel und rühren Sie die geschmolzene Butter unter. Legen Sie den Boden einer Springform (Ø 18 cm) mit etwas Backpapier aus. Geben Sie mit einem Löffel die Keksmasse hinein und drücken Sie sie fest und eben.

Geben Sie die Bananen in einen Mixer, schütten Sie die Eiweiße dazu und zerkleinern Sie alles, bis eine klumpenlose, sämige Masse entsteht. Das Eiweiß verhindert, dass die Masse zu hart wird. Geben Sie die Masse mit einem Löffel oben auf den Keksboden – die Form sollte etwa zur Hälfte voll sein (das hängt von der Größe der Bananen ab). Glätten und für 30 Minuten in den Gefrierschrank stellen.

Bereiten Sie nun das Toffee zu. Schmelzen Sie die Butter in einem Topf bei mittlerer bis hoher Hitze. Zucker hinzugeben und kräftig rühren. Nehmen Sie den Topf vom Herd, zählen Sie bis zehn und rühren Sie dann mit viel Kraft die Sahne unter.

Sobald sich die Bananenschicht fest anfühlt, nehmen Sie die Torte aus dem Gefrierschrank und gießen Sie die Hälfte der Toffeemasse darüber. Stellen Sie alles für weitere 15 Minuten in den Gefrierschrank zurück, achten Sie aber darauf, dass das Toffee nicht aushärtet.

Geben Sie das Vanilleeis mit einem Löffel in den Mixer und pürieren Sie es. Auf die Toffeeschicht geben und glätten. Streuen Sie die Schokolade darüber und stellen Sie die Torte für mindestens 1 weitere Stunde zurück in den Gefrierschrank.

Stellen Sie die Platte 20 Minuten vor dem Servieren in den Kühlschrank um, damit die Torte etwas weich wird. Nehmen Sie daraufhin den Ring ab, ziehen Sie das Backpapier heraus und stellen Sie die Torte auf eine Servierplatte. Das restliche Toffee darüberträufeln und servieren.

Diese Torte ist im Gefrierschrank bis zu 2 Wochen haltbar.

EIN CUPCAKE IN EINER EISWAFFEL? KLINGT VERRÜCKT, IST ABER SO. UND GLAUBEN SIE MIR, DAS HAT GANZ GEWISS SEINE BERECHTIGUNG. Eine lukullische nämlich. Jaja, diese geniale Erfindung ist nicht nur herrlich schokoladig, sie ist noch dazu praktisch, denn: Keine Kleckerei, kein Abfall, einfach nur gut – oh, und hatte ich erwähnt, dass es köstlich schmeckt?

Cupcakes
IN EISWAFFELN

ERGIBT
12 STÜCK

ZUTATEN

FÜR DIE CUPCAKES

12 Waffelbecher

35 g Kakaopulver

65 ml heißes Wasser

110 g mit Backpulver
    gemischtes Mehl

½ TL Salz

120 g Butter

175 g Streuzucker

2 Eier, geschlagen

1 TL Vanilleextrakt

85 ml saure Sahne

FÜR DIE GLASUR

300 g Puderzucker

150 g ungesalzene Butter

2 TL Vanilleextrakt

2 ½ EL Crème double

ZUR DEKORATION

85 g dunkle Schokolade,
    in Stücke gebrochen

12 Maraschinokirschen mit Stiel
    oder kandierte Kirschen

Heizen Sie den Ofen auf 180 °C vor (Gasherd Stufe 3). Stellen Sie die Waffelbecher in ein 12er-Muffinblech.

Vermischen Sie das Kakaopulver mit dem heißen Wasser in einer kleinen Schüssel. Sieben Sie Mehl und Salz in eine weitere Schüssel.

Schmelzen Sie die Butter in einem kleinen Topf, gießen Sie sie in eine Rührschüssel und verquirlen Sie sie mit dem Zucker, bis sie abkühlt. Quirlen Sie weiter, während Sie ein Ei nach dem anderen hinzugeben. Sie können das Stocken verhindern, indem Sie 1 EL Mehl zugeben. Rühren Sie das Vanilleextrakt und die Kakao-mischung unter. Geben Sie Mehl und saure Sahne abwechselnd je 1 EL nach dem anderen hinzu. Zu einer geschmeidigen Masse ver-mischen.

Löffeln Sie die Masse in die Waffeln, bis diese halb voll sind. Ba-cken Sie sie 20–25 Minuten lang im Ofen, oder bis sie sich federnd anfühlen und an einem hineingesteckten Spieß nichts mehr kleben bleibt. Stellen Sie sie zum Abkühlen auf ein Kuchengitter.

Sieben Sie für die Glasur den Puderzucker in eine große Schüssel und schlagen Sie die Butter unter, bis eine geschmeidige Masse entsteht. Heben Sie Vanilleextrakt und Sahne unter, bis sich alles gut vermischt hat.

Schöpfen Sie mit einem Kompottlöffel etwas Glasur oben auf die Waffelbecher und verleihen Sie dem Küchlein mit einem Messer die Form einer Eiskugel. Stellen Sie die Becher auf einen Teller und diesen für 15 Minuten in den Kühlschrank.

Legen Sie die Schokolade in eine hitzebeständige Schüssel. Stellen Sie diese über einen Topf mit kochendem Wasser. Die Unterseite der Schüssel sollte dabei das Wasser nicht berühren. Bis die Scho-kolade geschmolzen ist und glänzt, umrühren.

Nehmen Sie die gekühlten Cupcakes aus dem Kühlschrank und beträufeln Sie die Oberseite mit 1 TL Schokolade. Der Kühlvor-gang sollte dafür sorgen, dass die Glasur nicht ausflockt. Platzieren Sie die Kirsche oben auf der noch warmen Schokolade. Wieder-holen Sie die Schritte für die restlichen Cupcakes und stellen Sie sie zurück in den Kühlschrank, bis die Schokolade hart ist.

PARIS-BREST

STELLEN SIE SICH VOR, WIE SICH PROFITEROLES AN PROFITEROLES REIHEN, gefüllt mit zarter Sahne und üppiger Vanillecreme, mit Schokolade beträufelt und mit noch warmen, gerösteten Mandeln bestreut – Sie haben es hier nicht mit irgendeinem Brest zu tun, sondern mit dem Paris-Brest …

ZUTATEN

40 g Butter

125 ml Wasser

90 g Mehl

2 große Eier

2 EL Mandelblättchen

300 ml extradicke Crème double

1 EL Puderzucker

500 g Becher frische, hochwertige
 Vanillecreme

100 g dunkle Schokolade, gehackt

Runde Spritztülle, Ø 1 cm
Spritzbeutel
Sternförmige Spritztülle

6 PORTIONEN

Heizen Sie den Ofen auf 210 °C vor (Gasherd Stufe 4–5).

Zeichnen Sie die Umrisse eines runden Tellers (Ø 22 cm) auf Backpapier nach. Drehen Sie das Papier um, damit die Markierungen auf der Unterseite liegen, und legen Sie es auf ein Backblech.

Geben Sie die Butter und das Wasser in einen Topf und bringen Sie sie bei mittlerer Hitze zum Kochen. Verquirlen Sie die Mischung 1–2 Minuten lang kraftvoll mit einem Holzlöffel, bis sie nicht länger an den Seiten kleben bleibt. In eine Rührschüssel geben und etwa 5 Minuten lang abkühlen lassen.

Schlagen Sie die Eier eines nach dem anderen in die Schüssel und verquirlen Sie sie mit einem Handrührgerät. Befestigen Sie die runde Tülle am Spritzbeutel und füllen Sie diesen mit dem Teig. Spritzen Sie der nachgezeichneten Linie folgend Profiteroles mit 4–5 cm Ø, die sich gerade noch berühren, bis sich eine Kranzform gebildet hat. 30–35 Minuten lang backen, oder bis der Teig aufgegangen und goldbraun ist. Auf ein Kuchengitter stellen und vollständig abkühlen lassen.

Rösten Sie in der Zwischenzeit die Mandeln in einer Bratpfanne bei niedriger Hitze, bis sie goldgelb sind und duften. Passen Sie auf, dass sie nicht anbrennen.

Verquirlen Sie in einer großen Schüssel Sahne und Puderzucker, bis eine dicke und luftige Masse entsteht.

Nehmen Sie sich für den nächsten Schritt Zeit. Schneiden Sie das Gebäck mit einem Brotmesser vorsichtig der Länge nach in zwei Hälften. Nehmen Sie die obere Hälfte herunter und legen Sie sie beiseite. Befestigen Sie die sternförmige Tülle an einem weiteren Spritzbeutel und spritzen Sie eine Sahneschicht auf die Unterseite. Löffeln Sie eine Schicht der Vanillecreme darüber und legen Sie die obere Hälfte des Gebäcks zurück auf die untere. Im Kühlschrank 30 Minuten kalt stellen.

Legen Sie die Schokolade in eine hitzebeständige Schüssel und stellen Sie diese über einen Topf mit köchelndem Wasser. Die Unterseite der Schüssel sollte dabei nicht das Wasser berühren. Rühren Sie die Schokolade, bis sie geschmolzen ist und glänzt. Das Gebäck mit einem Löffel damit beträufeln, mit den gerösteten Mandeln berieseln und servieren.

Cupcakes
IM MARMELADEN-GLAS
MIT ERDBEEREN UND SAHNE

AUS DER SCHÖNSTEN ALLER JAHRESZEITEN KOMMT DIE INSPIRATION FÜR DIESES REZEPT. Das Dessert ist mit frischen Erdbeeren und frischer Sahne gemacht. Da alles, was zum Verzehr benötigt wird, bereits dabei ist, kann man sie gut nebenher aufessen. Richtig sommerlich wird es mit einem Glas Sekt dazu oder einer „Wilden Hannah" von Seite 174.

ZUTATEN

200 g Butter und etwas zum Einfetten
200 g mit Backpulver gemischtes Mehl und
   etwas zum Bestäuben
200 g Streuzucker
4 große Eier, leicht geschlagen
1 TL Backpulver
2 TL Vanilleextrakt

FÜR DIE FÜLLUNG
600 ml Schlagsahne
1 TL Vanilleextrakt
6 EL Erdbeermarmelade
400 g Erdbeeren, Stängel entfernt
   und in Scheiben geschnitten
Bunte Streusel zum Dekorieren

6 große oder 12 kleine ausgespülte
   Marmeladengläser oder Glasbecher

ERGIBT 6 GROSSE ODER 12 KLEINE GLÄSER

Heizen Sie den Ofen auf 180 °C vor (Gasherd Stufe 3).

Für die kleineren Gläser brauchen Sie ein 12er-Cupcakeblech und für die größeren ein 6er-Muffinblech. Prüfen Sie die benötigte Größe Ihrer Cupcakes genau nach, indem Sie Ihr Glas über das umgedrehte Blech stellen – die Vertiefungen im Blech sollten vom Glas vollkommen bedeckt sein. Fetten Sie das Backblech ein und bestäuben Sie es mit etwas Mehl.

Schlagen Sie die Butter und den Zucker in einer Rührschüssel zusammen flockig. Geben Sie die Eier in 2 Schüben hinzu und verquirlen Sie sie gut. Sieben Sie Mehl und Backpulver in die Buttermasse und heben Sie sie vorsichtig unter. Geben Sie das Vanilleextrakt hinzu und rühren Sie weiterhin behutsam um, bis alles eine geschmeidige Konsistenz hat.

Füllen Sie die Vertiefungen des Backblechs zu zwei Dritteln mit Teig. Backen Sie die Cupcakes je nach Größe 10–15 Minuten lang, bis sie goldbraun sind und an einem hineingestochenen Spieß nichts mehr kleben bleibt. Zum Abkühlen auf ein Drahtgitter stellen.

Machen Sie in der Zwischenzeit die Füllung. Verquirlen Sie in einer großen Schüssel die Sahne und das Vanilleextrakt mit einem Handrührgerät zu einer dicken, flockigen Masse.

Schneiden Sie zum Befüllen der Gläser die Cupcakes zunächst waagerecht in zwei Hälften. Legen Sie die untere Hälfte ins Glas, geben Sie 1 EL (bzw. ½ Esslöffel für die 12 kleinen Gläser) Erdbeermarmelade und eine Handvoll Erdbeeren darauf. Löffeln oder spritzen Sie eine großzügige Schicht Creme hinein und legen Sie die obere Hälfte des Cupcakes darüber. Spritzen Sie eine weitere Schicht Creme mit einem mit sternförmiger Tülle besetzten Spritzbeutel oben auf den Cupcake. Mit Streuseln dekorieren und servieren.

Pop-tastic!
"Stielvolle" Eis-Lollis

DIE HERSTELLUNG MACHT RIESENSPASS!
Witzig und effektvoll lassen sie sich in interessant geformten Gefrierformen präsentieren, z.B. in Briocheförmchen

ZUTATEN
6 Eisstiele, auf Größe geschnitten
6 kleine Kuchenformen, 6–10 cm hoch
6 Quadrate aus Alufolie, 10 cm x 10 cm

Mango- und Minzsmoothie
Diese tropische Verlockung schmeckt mit einem Schuss Rum besonders gut.

ZUTATEN
250 ml fettarme Kondensmilch
1 Dose Mangos (300 g), abgetropft
1 Handvoll Minzblätter, gehackt
100 ml Orangensaft

Pürieren Sie Mango, Minze und Kondensmilch in einer Küchenmaschine. Orangensaft hinzugeben und ein weiteres Mal mixen.

Gießen Sie den Mix in die 6 Formen. Decken Sie jede mit einem Quadrat aus Alufolie ab und stechen Sie einen Eisstiel in die Mitte. Für 2 Stunden in den Gefrierschrank stellen, oder bis die Lollis gefroren sind.

Nehmen Sie die Lollis 5 Minuten vor dem Servieren aus dem Gefrierschrank. Entfernen Sie vorsichtig die Folie. Falls sich das schwierig gestaltet, halten Sie die Folie zum Aufweichen kurz unter laufendes Wasser.

Käsekuchen mit Beeren

*Ein vollmundiger Genuss. Für einen Schwips geben
Sie einen Schuss Crème de Cassis hinzu.*

ZUTATEN

200 g frische oder tiefgefrorene gemischte Sommer-
   früchte, z.B. Erdbeeren, Himbeeren, Kirschen, rote
   und schwarze Johannisbeeren
100 g Streuzucker
300 g fettarmer Frischkäse

Geben Sie die Früchte in einen Topf und bringen
Sie sie bei hoher Hitze 4 Minuten lang zum Kochen.
Vom Herd nehmen und den Zucker unterrühren,
bis er sich auflöst. Mischen Sie den Frischkäse unter
und lassen Sie alles abkühlen, bevor Sie es in die
6 Formen löffeln.

Positionieren Sie die Quadrate aus Alufolie über
jeder Form und stechen Sie einen Eisstiel in die
Mitte. Für 2 Stunden in den Gefrierschrank stellen,
oder bis die Lollis gefroren sind.

Nehmen Sie die Lollis 5 Minuten vor dem Servieren
aus dem Gefrierschrank. Entfernen Sie vorsichtig
die Folie. Falls sich das schwierig gestaltet, halten
Sie die Folie zum Aufweichen kurz unter laufendes
Wasser.

MARGARITA

*Der frische Limettensaft sorgt für den Extrakick und
stellt eine ungewöhnliche Variante des Cocktails her.
Auch ohne Alkohol ein Genuss.*

ZUTATEN

100 g Streuzucker
200 ml frischer Limettensaft (aus ungefähr
   4–5 großen Limetten)
Saft einer Zitrone
125 ml Wasser
2 EL Tequila
2 EL Orangenlikör

Geben Sie Zucker, Limettensaft, Zitronensaft und
Wasser in einen kleinen Topf bei mittlerer Hitze.
Rühren Sie, bis sich der Zucker aufgelöst hat. Vom
Herd nehmen und abkühlen lassen.

Geben Sie nach dem Kühlen den Tequila und den
Orangenlikör hinzu und verquirlen Sie alles.

Gießen Sie den Mix in die 6 Formen. Decken Sie jede
mit einem Quadrat aus Alufolie ab und stechen Sie
einen Eisstiel in die Mitte. Für 2 Stunden in den Gefrierschrank stellen, bis die Lutscher gefroren sind.

Nehmen Sie die Lutscher 5 Minuten vor dem Servieren aus dem Gefrierschrank. Entfernen Sie vorsichtig
die Folie. Falls sich das schwierig gestaltet, halten
Sie die Folie zum Aufweichen kurz unter laufendes
Wasser.

KALTER HUND
de luxe

ERGIBT
20 QUADRATE

BEI DIESER LUXUSVERSION VON KALTEM HUND SIND NICHT NUR KEKSE IN DER SCHOKOLADENMASSE – BLANCHIERTE MANDELN UND MINI-MARSHMALLOWS SORGEN FÜR NOCH MEHR KNUSPRIGKEIT. Hierbei handelt es sich um ein wohlgehütetes Familienrezept, das ich meiner Mutter entlocken konnte.

Schmelzen Sie die Butter bei leichter Hitze in einem Topf mit dickem Boden. Geben Sie die Schokolade und den Zuckersirup hinzu und rühren Sie, bis eine geschmeidige Masse entsteht. Nehmen Sie den Topf vom Herd. Schütten Sie etwa 125 ml der Masse in eine kleine Schüssel und stellen Sie diese beiseite.

Heben Sie die Keksstücke und Krümel unter die verbliebene Schokoladenmasse und rühren Sie dann die Marshmallows und Mandeln ein. Füllen Sie die Masse in eine quadratische Backform (20 cm) und glätten Sie die Oberfläche mit einem nassen Pfannenwender. Die Schüssel mit der beiseite gestellten Schokoladenmasse darüberschütten und erneut glätten.

Stellen Sie die Form für mindestens 2 Stunden in den Kühlschrank, noch besser über Nacht.

Schneiden Sie den Kuchen vor dem Servieren mit einem warmen Messer in Quadrate.

ZUTATEN

250 g Butter
600 g qualitativ hochwertige dunkle
  Schokolade, in Stücke gebrochen
6 EL Zuckersirup
400 g Kokoskekse, in Viertel gebrochen
100 g Mini-Marshmallows
120 g ganze blanchierte Mandeln

Riesen-
SCHOKOLADENTAFEL

ERGIBT
6-8 PORITONEN

ı800 g qualitativ hochwertige
dunkle, weiße und Milchschokolade
(mindestens 800 g müssen von einer
Sorte sein)

VORSCHLÄGE FÜR DIE TOPPINGS
Pekannüsse, Mandeln, kandierter
Ingwer, Kirschen, Karamell und
Marshmallows

SIE KENNEN DIESE TAFELN VIELLEICHT
AUS TEUREN SCHOKOLADENGESCHÄFTEN –
ICH FINDE, DIES HIER IST EINE DER
BESTEN UND EINFACHSTEN IDEEN DES
BUCHS. Sie müssen allerdings hoch-
wertige Schokolade verwenden,
damit die Riesen-Schokoladentafel
ganz unwiderstehlich wird.

Zerbrechen Sie alle Tafeln und geben Sie jede Sorte in eine eigene
hitzebeständige Schüssel. Stellen Sie die Schüsseln eine nach der
anderen über einen Topf mit kochendem Wasser. Die Unterseite
der Schüssel sollte dabei das Wasser nicht berühren. Rühren Sie,
bis sich die Schokolade aufgelöst hat und glänzt; für die anderen
Sorten wiederholen. Manchmal ist weiße Schokolade von der
Konsistenz her zu fest – mischen Sie in diesem Fall etwas geschmolzene Butter unter, das sollte die Schokolade verdünnen
und zu derselben flüssigen Konsistenz wie bei den anderen Sorten führen.

Legen Sie einen Bräter mit Backpapier aus. Gießen Sie zuerst die
mehrheitlich vertretene Schokolade hinein. Gehen Sie dabei mit
äußerster Vorsicht vor, da es sehr heiß werden kann. Verteilen Sie
die Schokolade mit einem Palettenmesser gleichmäßig auf das
Rechteck.

Träufeln Sie die anderen Sorten Schokolade in beliebigem Wirbel-
muster darüber und streuen Sie dann die Oberschicht darüber.
Lassen Sie alles ein wenig abkühlen, bevor Sie es zum Aushärten
in den Kühlschrank stellen.

Bis zum Servieren im Kühlschrank aufbewahren. Schneiden Sie
die Tafel mit einem warmen Messer in Scheiben oder servieren
Sie sie im Ganzen und brechen Sie mit der Hand Stücke ab.

Cupcakes
mit Zuckerwatte

ZUTATEN

FÜR DIE CUPCAKES
50 g Butter
160 g Streuzucker
145 g Mehl
2 TL Backpulver
½ TL Salz
140 ml Vollmilch
1 Ei, leicht gequirlt
1 TL Vanilleextrakt

FÜR DIE GLASUR
350 g Puderzucker, gesiebt
120 g Butter
30 ml Vollmilch
1 TL Vanilleextrakt
Rosa und blaue Lebensmittelfarbe
Auswahl an farbiger Zuckerwatte

Sternförmige Spritztülle, 1 cm Ø
Spritzbeutel

Heizen Sie Ihren Ofen auf 170 °C vor (Gasherd Stufe 2–3). Füllen Sie ein 12er-Cupcakeblech mit 12 Papierförmchen.

Bereiten Sie die Cupcakes zu: Verquirlen Sie die Butter und den Zucker in einer Rührschüssel zu einer luftigen und lockeren Masse. Geben Sie Mehl, Backpulver und Salz hinzu und rühren Sie, bis der Teig die Konsistenz von Semmelbröseln annimmt. Rühren Sie Milch, Ei und Vanilleextrakt unter und schlagen Sie den Teig geschmeidig.

Löffeln Sie den Teig in die Förmchen, bis sie zu zwei Dritteln voll sind. Backen Sie die Cupcakes 20–25 Minuten lang, bis sie sich federnd anfühlen und leicht goldbraun sind. Stellen Sie sie zum Abkühlen auf ein Kuchengitter.

Verquirlen Sie in der Zwischenzeit den Puderzucker und die Butter in einer großen Schüssel, bis eine blasse und luftige Masse entsteht. Rühren Sie die Milch und die Vanille unter.

Teilen Sie die Glasur auf zwei Schüsseln auf und geben Sie ein paar Tropfen rosa Lebensmittelfarbe in die eine und ein paar Tropfen blaue Lebensmittelfarbe in die andere. Gehen Sie für den erwünschten Pastellton sparsam mit der Farbe um.

Befestigen Sie die Tülle am Spritzbeutel und füllen Sie diesen mit der Glasur. Auf die abgekühlten Cupcakes spritzen. Garnieren Sie sie kurz vor dem Servieren mit einer kleinen Handvoll Zuckerwatte. Augenblicklich servieren, da die Zuckerwatte in einem warmen Zimmer zusammenfällt.

KOMMEN SIE MIT IN EIN GAR WUNDERSAMES LAND MIT DIESEN LEICHT HERZUSTELLENDEN ZUCKERWATTE-CUPCAKES. Dieses Rezept fand ich so aufregend, dass ich mir gleich eine Zuckerwattemaschine gekauft habe. Die luftige Dekoration passt hervorragend zum lockeren Teig.

Meine preisgekrönte

luxuriöse Schwarzwälder-kirschtorte

MIT KIRSCHWASSER-
GETRÄNKTEN KIRSCHEN

Geben Sie die Kirschen in eine Schüssel und gießen Sie so viel Kirschwasser darüber, bis sie darin untertauchen. Stellen Sie die Schüssel für mindestens 1 Stunde beiseite, noch besser über Nacht. Je länger die Kirschen quellen, desto schmackhafter werden sie.

Heizen Sie den Ofen auf 170 °C vor (Gasherd Stufe 2–3). Fetten Sie drei runde Kuchenformen (Ø 20 cm) ein und legen Sie sie mit Backpapier aus.

Schlagen Sie die Butter und den Zucker mit einem Handrührgerät zu einer blassen und luftigen Masse. Geben Sie die Eier eines nach dem anderen hinzu und rühren Sie den Teig 4–5 Minuten lang, bis er eine helle Farbe annimmt. Heben Sie mit einem Metalllöffel Mehl und Kakaopulver langsam unter.

Geben Sie mit dem Löffel die gleiche Menge Teig in die drei Kuchenformen und streichen Sie sie mit einem Palettenmesser glatt. Backen Sie die Kuchen 20–25 Minuten lang, bis sie sich federnd anfühlen und an einem in den Teig gesteckten Spieß nichts kleben bleibt. Lassen Sie die Kuchen in den Formen abkühlen.

Bepinseln Sie die Oberfläche der Kuchen mit dem Kirschwasser, in dem die Kirschen quellen. Lösen Sie die Kuchen auf einem Kuchengitter von der Form und bepinseln Sie auch die Unterseite mit Kirschwasser.

Erhitzen Sie für die Glasur 250 ml Sahne in einem Topf, bis sich Bläschen zu bilden anfangen. Nehmen Sie den Topf vom Herd und rühren Sie 100 g der Schokolade unter, bis diese schmilzt. Schütten Sie die Masse in eine Schüssel und stellen Sie sie zum Kühlen in den Kühlschrank.

Schlagen Sie die verbliebene Crème double in einer großen Schüssel dick und schaumig.

Legen Sie einen der Kuchen für den Tortenbau auf eine Kuchen- oder Drehplatte. Löffeln Sie die Hälfte der Schlagsahne darauf und glätten Sie sie mit einem Messer. Seihen Sie die Kirschen ab, schütten Sie den Alkohol aber nicht weg. Dieser kann als süßer Verdauungsschnaps zur Torte serviert werden. Legen Sie die Hälfte der Kirschen auf die Sahne, bis sie abgedeckt ist. Wiederholen Sie die Schritte für die zweite Schicht und schließlich für den letzten Kuchen.

ZUTATEN

2 x 425 g Gläser Schattenmorellen
500-ml-Flasche Kirschwasser oder
 Cherry- Brandy
340 g Butter, zusätzlich etwas
 zum Einfetten
340 g goldgelber Streuzucker
6 Eier
240 g mit Backpulver vermischtes Mehl,
 gesiebt
100 g Kakaopulver, gesiebt

Stellen Sie 1 gehäuften EL der Glasur für später zurück und bedecken Sie die gesamte Außenseite der Torte mit der restlichen Glasur. Glätten Sie die Glasur oben und an den Seiten mit einem Palettenmesser.

Schmelzen Sie die restlichen 300 g Schokolade in einer hitzebeständigen Schüssel über einem Wasserbad. Die Schüssel sollte dabei das Wasser nicht berühren.

Die Schokoladenblätter stellen Sie so her: Bepinseln Sie die Oberseite der Blätter mit der geschmolzenen Schokolade, legen Sie sie dann mit der Schokoladenseite nach unten auf ein Backblech und stellen Sie das Backblech dann zum Aushärten für 10 Minuten in den Kühlschrank. Ziehen Sie daraufhin die Lorbeerblätter vorsichtig von der darunterliegenden Schokolade. Es empfiehlt sich, das Blatt von beiden Enden her gleichzeitig abzuziehen. Mit etwas Silberstaub bestäubt kommen die wunderschönen Äderchen der Blätter zur Geltung.

Legen Sie ein Backblech mit Backpapier aus. Kleben Sie das Papier an jeder Ecke mit geschmolzener Schokolade fest.

Messen Sie die Höhe der Torte und den Umfang mit einem Stück Schnur. Malen Sie mit dem Pinsel ein etwa 2–3 mm dickes Rechteck aus geschmolzener Schokolade auf das Blech, das ein wenig höher und länger ist als die Torte. Zum Abkühlen und Aushärten in den Kühlschrank stellen. Nehmen Sie das Blech aus dem Kühlschrank, damit die Schokolade ein wenig warm wird. Schneiden Sie die Schokolade mit einem Messer in etwa 5 cm breite Streifen.

Ziehen Sie die Streifen vorsichtig vom Papier und kleben Sie sie mit der zurückgestellten Glasur an die Seiten der Torte. Umwickeln Sie die Torte mit einem 1 cm breiten schwarzen Band und schneiden Sie es mit 2 cm Überlappung auf Größe. Befestigen Sie die Enden diskret mit einem doppelseitigen Klebeband.

Dekorieren Sie die Torte mit den Schokoladenblättern, den gemischten Früchten und ein wenig Silberstaub.

FÜR DIE GLASUR
600 ml Crème double
400 g 85-prozentige dunkle Schokolade, in Stücke gebrochen

ZUR DEKORATION
Farbpinsel
10 Lorbeerblätter
Silberstaub oder -spray, essbar
Eine Auswahl an gemischten Früchten, z.B. Feigen, Himbeeren, rote Johannisbeeren, schwarze Johannisbeeren, Erdbeeren oder Brombeeren

ERGIBT 8 PORTIONEN

DAS ERSTE UND EINZIGE MAL, DASS ICH AN EINEM BACKWETTBEWERB TEILGENOMMEN HABE, WAR EINE WOHLTÄTIGKEITSVERANSTALTUNG, „THE BELLENDEN BUN FIGHT". Der Wettbewerb fand im Hinterhof meiner Lieblingsbuchhandlung, Review, statt. Ich stehe auf Wettkämpfe und war deswegen etwas enttäuscht, dass ich nur den zweiten Platz erkämpfen konnte. Aber machen Sie die Torte einmal für Ihre Freundinnen, dann merken Sie: Das ist der Gewinner der Herzen!

Pink Lady

Der Name dieses Drinks erinnert auch an den Film-klassiker Grease, dort nennt sich eine Mädchen-Gang „The Pink Ladies". Bekannterweise auch das Lieblings-getränk von Jayne Mansfield, von der man sagt, Sie habe vor jeder Mahlzeit einen getrunken.

ZUTATEN

44 ml Gin
1 TL Zitronensaft
1 TL Grenadine
1 TL Sahne
1 Eiweiß
Eiswürfel

Geben Sie alle Zutaten in einen Cocktailshaker. Kraftvoll schütteln und in ein gekühltes Cocktailglas abseihen.

WHITE LADY

Diese Lady hat einen subtileren und zitronigeren Geschmack als die anderen.

ZUTATEN

60 ml Dry Gin
15 ml Cointreau
15 ml Zitronensaft
1 Eiweiß
Eiswürfel

Geben Sie alle Zutaten in einen Cocktailshaker. Kraftvoll schütteln und in ein gekühltes Cocktailglas abseihen.

BLUE LADY

Da sie fast nur aus Alkohol besteht, ist diese Lady mit Abstand die stärkste. Vorsicht – sie färbt Ihre Zunge blau!

ZUTATEN

60 ml Gin
30 ml Blue Curaçao
15 ml Zitronensaft
Eiswürfel
1 Maraschinokirsche

Geben Sie die Liköre, Zitronensaft und das Eis in einen Cocktailshaker und schütteln Sie ihn kraftvoll. In ein gekühltes Cocktailglas abseihen. Schneiden Sie die Kirsche auf der Unterseite ein und stecken Sie sie auf den Glasrand.

ERGIBT 1 GLAS

Ladys DER WELT KOMMT ZUSAMMEN

ES SCHEINT, ALS GÄBE ES ETWA QUADRILLIONEN DRINKS, DIE „LADY" IM NAMEN TRAGEN. Da gäbe es die Foxy Lady, die Bearded Lady, Cocaine Lady, Apricot Lady, White Lady und Black Lady und zahlreiche Varianten. Anführerin dieser Lady-Drinks ist die Pink Lady, ein papp-süßer, nach Kaugummi schmeckender Drink aus den 1930ern, der damals den Ruf hatte, das ultimative Mädchengetränk zu sein.

Kopieren Sie für die Pretty-Lady-Pappfiguren die hier gezeigten Damen auf dünnen Karton und schneiden Sie sie aus. Kleben Sie einen Zahnstocher auf die Rückseite und stechen Sie ihn in Ihren Drink.

Legen Sie zwei Bambusspieße
überkreuz und binden Sie sie in der Mitte mit etwas Schnur zusammen. Schneiden Sie aus
dem von Ihnen gewählten Stoff zwei Dreiecke aus – sie müssen
etwas größer als die L-Formen der überkreuz gelegten Spieße sein.
Kleben Sie die Stoffränder mit einer Heißklebepistole an den Bambus
und sorgen Sie mit etwas Zwirn für zusätzliches Schifffahrtsflair.

ERGIBT 1 GLAS

TITANIC

ZUTATEN

Eiswürfel
45 ml Wodka
15 ml Dry Martini
15 ml italienischer Galliano-Likör
15 ml Blue Curaçao
Tonic Water (wahlweise)

JA, SIE RATEN RICHTIG! HIER KOMMT DIE PERFEKTE ERGÄNZUNG ZUM
FILMISCHEN SCHMACHTFETZEN. Vielleicht sind Sie überrascht,
dass der Drink ohne Eisberg serviert wird! Er schmeckt nach
Bitterorange und Vanille, was eine seltsame Anziehungs-
kraft ausübt …, so ähnlich wie Leo …

Füllen Sie den Cocktailshaker bis zur Hälfte mit Eiswürfeln und
geben Sie die restlichen Zutaten hinzu. Kräftig schütteln und in
ein flaches Glas abseihen. Wenn Sie daraus eine Bowle machen
wollen, mit Tonic Water auffüllen.

„ICH BIN DER KÖNIG DER WELT!"

Flora FIZZ

ZUTATEN

Essbare Blumen
Eiswürfelform für kleine Eiswürfel
60 ml Gin
15 ml frischer Zitronensaft
15 ml rosa Grapefruitsaft
22 ml Holunderblütenlikör
1 Schuss Grenadine
60 ml Sekt

Stellen Sie zuerst die Blüteneiswürfel her. Legen Sie in jede Vertiefung der Eiswürfelform eine Blüte und füllen Sie die Form mit Wasser auf. Stellen Sie die Form in den Gefrierschrank.

Geben Sie alle Zutaten, bis auf den Sekt und die Eiswürfel, in einen Cocktailshaker. Schütteln und in ein Sektglas abseihen. Mit Sekt auffüllen und die Blüteneiswürfel hineingeben.

WENN SIE SEKT UND DEN DUFT ZARTER BLUMEN LIEBEN, DANN SIND SIE WOHL OFFENSICHTLICH EINE EBENSO ZARTE PFLANZE UND WERDEN DIESEN FEINEN UND ELEGANTEN DRINK LIEBEN.
Ich habe ihn für meine Freundin Flora erfunden – wie sollte so ein liebliches Wesen sonst heißen?

GINGER DRIVER

ERGIBT
1 GLAS

ZUTATEN

Eiswürfel
45 ml Zitronenwodka
90 ml Orangensaft
60 ml Grapefruitsaft
Gingerale

Geben Sie ein paar Eiswürfel in Highball-Glas oder ein sauberes Marmeladenglas.

Gießen Sie den Wodka und den Orangen- und Grapefruitsaft in einen Cocktailshaker und schütteln Sie ihn. Über das Eis gießen und mit Gingerale auffüllen.

HIER IST MEINE VARIANTE DES KLASSISCHEN SCREWDRIVERS. Er wird mit Gingerale aufgefüllt, wodurch er viel zitroniger wird. Erfunden für eine Freundin, die mit Vornamen Ginger heißt und mit Nachnamen Driver – genial, nicht?

HINWEIS: NACH DIESEM DRINK STEPPEN SIE WIE GINGER ROGERS!

Boot BLASTER

ERGIBT
1 GLAS

ZUTATEN

Eiswürfel
30 ml weißer Rum
30 ml Gin
30 ml Wodka
30 ml Triple Sec
Saft einer halben Zitrone
Saft einer halben Limette
Coca-Cola
Zitronenscheiben zum Servieren

NACH EINER GEWISSEN MENGE DIESES DRINKS KIPPEN SIE AUS DEN BOOTS, ÄH, LATSCHEN!

Füllen Sie ein halbes – vorzugsweise wie ein Stiefel geformtes – Glas mit Eiswürfeln. Gießen Sie den Alkohol über das Eis und geben Sie dann den Zitronen- und Limettensaft hinzu. Mit etwas Coca-Cola auffüllen und vor dem Servieren eine Zitronenscheibe an den Rand stecken.

COSMOPOLITAN
Jelly Shots

DIESE ALKOHOLISCHEN JELLY
SHOTS SEHEN NICHT NUR WUNDER-
HÜBSCH AUS, SIE SCHMECKEN AUCH
GRANATENSTARK!
In hübschen Konfektförmchen
servieren.

ZUTATEN

5 Gelatineplatten
180 ml Wodka
120 ml Cointreau
120 ml Preiselbeersaft
Saft einer Limette

2 Eiswürfelformen aus Silikon
Backblech
Konfektförmchen

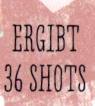

ERGIBT
36 SHOTS

Weichen Sie die Gelatineplatten in kaltem Wasser auf. Gießen Sie das Wasser ab.

Füllen Sie den Wodka, Cointreau und den Preiselbeer- und Limettensaft in einen Topf und erhitzen Sie alles, bis die Flüssigkeit warm ist und noch nicht kocht. Rühren Sie die Gelatineplatten unter, bis sie vollständig aufgelöst sind, und lassen Sie die Masse danach für ein paar Minuten abkühlen, bis sie lauwarm ist.

Stellen Sie die Eiswürfelformen zum leichten Transportieren auf das Backblech und gießen Sie die Masse hinein. Stellen Sie sie möglichst über Nacht in den Kühlschrank, zumindest aber für 2 Stunden. Sie sind fertig, wenn sie sich hart anfühlen.

Nehmen Sie sie erst kurz vor dem Servieren aus dem Kühlschrank. Lösen Sie die Shots vorsichtig mit einem scharfen Messer heraus und legen Sie sie in die Konfektförmchen.

MOJITO-BOWLE
zum Tratschen

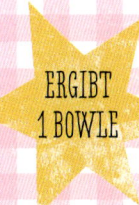

ERGIBT 1 BOWLE

ZUTATEN

5 große Limetten, geviertelt
2 EL Streuzucker
Eiswürfel
250 g Erdbeeren und ein paar extra
  zum Servieren
1 große Handvoll Minzeblätter, die
  Stiele entfernt und die Blätter
  zerrieben
130 g hellbrauner Zucker
470 ml weißer Rum
1 l Tafelwasser

WENN EINMAL ALLE MÄDELS VERSAMMELT SIND, MUSS NATÜRLICH AUS-FÜHRLICH GETRATSCHT WERDEN. NICHTS REGT GESPRÄCHE BESSER AN ALS EINE KÖSTLICHE BOWLE. Diese himmlische Mischung aus Limetten, Erdbeeren, Minze und braunem Zucker ölt die Stimmen.

Fahren Sie mit je 1 Limettenviertel um die Gläserränder und tauchen Sie diese dann für einen hübschen Rand in den Streuzucker.

Pressen Sie den Saft der übrigen Limetten in eine Bowlenschüssel und geben Sie etwas Eis hinzu. Vierteln Sie die Erdbeeren und werfen Sie die Stängel weg. Rühren Sie die Erdbeeren, die Minze und den braunen Zucker hinein.

Mischen Sie den Rum unter und geben Sie so viel Wasser dazu, dass sich der Zucker vollständig auflöst. Schöpfen Sie die Bowle in die Gläser und garnieren Sie sie mit einer ganzen Erdbeere.

DER KLATSCHTANTEN-TEST!

SCHAUEN WIR EINMAL, OB SIE VERSCHWIEGEN WIE EIN GRAB ODER EINE RIESENKLATSCHTANTE SIND!

1. Wenn Ihnen eine Freundin ein deftiges Geheimnis erzählt, …

A. rufen Sie gleich eine Freundin an, um es weiterzuerzählen.
B. behalten Sie es eine Weile für sich und deuten es vielleicht in einem Gespräch an.
C. halten Sie dicht. Ihre Lippen sind versiegelt.

2. Zufällig schnappen Sie ein Gespräch auf, in dem es um jemanden geht, den Sie kennen.

A. Sie erzählen es allen Ihren Freunden. Selber Schuld, wer so laut redet.
B. Sie erzählen es der betroffenen Person.
C. Sie geben vor, es sei nie passiert – es geht Sie ohnehin nichts an.

3. Welche der folgenden ist Ihre Lieblingsfrauenzeitschrift?

A. Gala
B. Cosmopolitan
C. Die Landlust

ANTWORTEN

Vorwiegend A: Da haben wir's – Sie sind eine Klatschtante! Sie tratschen einfach zu gerne über Abwesende und lassen niemanden verschont. Sie sind frech wie Oskar und nehmen den Mund gerne voll.

Vorwiegend B: Sie nicht unbedingt diejenige, die das Gerücht in die Welt setzt – aber wenn brisante News Sie erreichen, fällt es Ihnen schwer, diese für sich zu behalten. Ihre Freunde sind Ihnen wichtig und Sie verteidigen sie vor übler Nachrede, aber ein bisschen Lästern macht Ihnen auch Spaß.

Vorwiegend C: Sie sind eine treue und loyale Freundin und sehr verantwortungsbewusst. Für Ihre Ideale stehen Sie ein, aber im Allgemeinen bevorzugen Sie ein ausgeglichenes Leben ohne allzu viele Konflikte.

ERGIBT 1 GLAS

Cookies and Cream

Für Schokoladensüchtige gibt es nichts Besseres. Das Topping aus einem zerbröselten Oreo-Keks ist eine Gaumenfreude – Himmel im Glas!

ZUTATEN

2 Oreo-Kekse (etwa 20 g)
120 ml süße Sahne
20 ml Frangelico oder anderer Haselnusslikör
20 ml Kahlua oder anderer Kaffeelikör
20 ml Baileys oder anderer irischer Creamlikör
2 TL klarer, flüssiger Honig
Eiswürfel

Legen Sie die Kekse in einen Gefrierbeutel und zerbröseln Sie sie grob mit Schlägen eines Nudelholzes.

Schlagen Sie die Hälfte der Sahne in einer großen Schüssel steif.

Geben Sie die übrige Sahne, Frangelico, Kahlua, Baileys, Honig, eine Handvoll Eiswürfel und die Hälfte der Keksbrösel in einen Mixer und zerkleinern Sie alles, bis das Eis zerstoßen und die Zutaten gut vermischt sind.

Gießen Sie den Cocktail in ein großes Glas. Mit Schlagsahne krönen und den restlichen Keksbröseln berieseln. Augenblicklich servieren.

Sweet SHOP

Rhabarber und Vanillepudding

Diese superleckere Kombination liefert Zutaten für einen zweifarbigen Cocktail. Der Eierlikör sinkt auf den Grund des Glases, während das Rhabarbersirup-Gemisch darüber schwebt.

ZUTATEN

60 ml Eierlikör
60 ml Gin
60 ml Rhabarbersirup
Eiswürfel

Gießen Sie den Eierlikör in ein großes, schmales Glas.

Vermischen Sie Gin, Sirup und Eiswürfel in einem Cocktailshaker. Seihen Sie das Rhabarber-Gemisch durch ein Sieb ins Glas. Mit einem Minzblatt garnieren.

ERGIBT 1 GLASS

POPCORN-MARTINI

Dieser atemberaubende Cocktail aus Popcornsirup und aromatisiertem Wodka schmeckt wie echtes Karamellpopcorn. Und der Rand aus Knallzucker wird Sie geradezu verknallt in Popcorn machen!

ZUTATEN

120 ml Popcornsirup (siehe rechts)
60 ml Wodka mit Vanille- oder Karamellgeschmack
15 ml Crème double
Klarer, flüssiger Honig
Drittel eines Tütchens mit Knallzucker
Bunte Zuckerperlen

Vermischen Sie den Popcorn-Sirup, den Wodka und die Crème double in einem Shaker.

Bestreichen Sie den Glasrand mit Ihrem Finger mit Honig und tauchen Sie das Glas in eine Schüssel mit Knallzucker und Zuckerperlen. Den Drink einschenken und servieren.

DIESE COCKTAILS VERSETZTEN MICH ZURÜCK IN MEINE KINDHEIT – EINE HOMMAGE AN MEINE LIEBLINGSSÜSSIGKEITEN VON DAMALS. Natürlich hier in der Erwachsenenversion. Die Süßigkeit lässt sich übrigens prima dazu servieren!

ERGIBT
1 GLAS

POPCORNSIRUP

REICHT FÜR 6 GLÄSER

Machen Sie 200 g Popcorn, entsprechend der Anweisung auf der Verpackung. Bringen Sie etwa 1,5 l Wasser in einem großen Topf zum Kochen. Geben Sie 200 g Streuzucker und 2 TL Salz hinzu und rühren Sie um, bis sich beides auflöst. Rühren Sie das Popcorn nach und nach unter und lassen Sie alles für 15 Minuten köcheln. Seihen Sie die Flüssigkeit mit einem Sieb in eine Schüssel ab. Rütteln Sie das Popcorn auf dem Sieb, aber drücken Sie es nicht hinein. Werfen Sie es daraufhin weg. Gießen Sie die Flüssigkeit in eine Kanne und lassen Sie sie auf Raumtemperatur abkühlen. Seihen Sie die Flüssigkeit nach dem Abkühlen erneut ab. Falls nötig erneut abseihen. Geben Sie die Flüssigkeit zurück in die Kanne und stellen Sie sie bis zum Gebrauch in den Kühlschrank.

BEARDED Lady
MIT MOUSTACHE-STROHHALMEN

ZUTATEN

30 ml Wodka
15 ml Gin
15 Triple Sec
60 ml Ananassaft
15 ml Maracujasaft
15 ml frischer Limettensaft
Eiswürfel
Angostura
Tafelwasser

DAMENBART? – NEIN, DANKE! Nicht gleich abwinken, hier handelt es sich um den Drink Bearded Lady, und der ist einfach köstlich! Richtig witzig wird es, wenn Sie die Trinkhalme mit ausgeschnittenen Moustaches verzieren. Übertragen Sie die Formen unten auf schwarzen Karton, schneiden Sie sie aus und befestigen Sie sie mit einem Tropfen Klebstoff an den Strohhalmen.

Gießen Sie Wodka, Gin, Triple Sec und alle Fruchtsäfte in einen mit Eis gefüllten Cocktailshaker. Kräftig schütteln und in ein großes, gekühltes Pilsglas abseihen. Geben Sie einen Schuss Angostura hinein und füllen Sie mit Tafelwasser auf. Mit Moustache-Strohhalm servieren.

VORLAGEN FÜR DIE *Moustaches*

ERGIBT 1 GLAS

Wilde HANNAH

ZUTATEN

1 wilde Hibiskusblüte, mit Rosensirup
  getränkt
1 TL Rosensirup aus dem Glas
15 ml Crème de Cassis
15 ml Holunderblütenlikör
Sekt oder Champagner
Frische Feigen, halbiert

Legen Sie die Hibiskusblüte in eine Champagner-
flöte und geben Sie Sirup, Crème de Cassis und Likör
hinzu. Mit Sekt oder Champagner auffüllen, eine
halbierte Feige an den Rand stecken und servieren.

NEIN, KEIN WILDWEST-DRINK! Vielmehr ein fester
Kandidat für alle meine Mädelsabende, der
inzwischen zu meinem Erkennungszeichen
geworden ist. Sekt oder Champagner sorgen
für ein unwiderstehliches Prickeln an Ihrem
Gaumen.

ERGIBT
1 GLAS

Vorlagen

STROHHALM, SCHIRMCHEN UND ZITRONE
Für die Cocktail-Einladung, S. 9

Um 150 % vergrößern

TOP
Für die Flatterrock-
Einladung, S.9

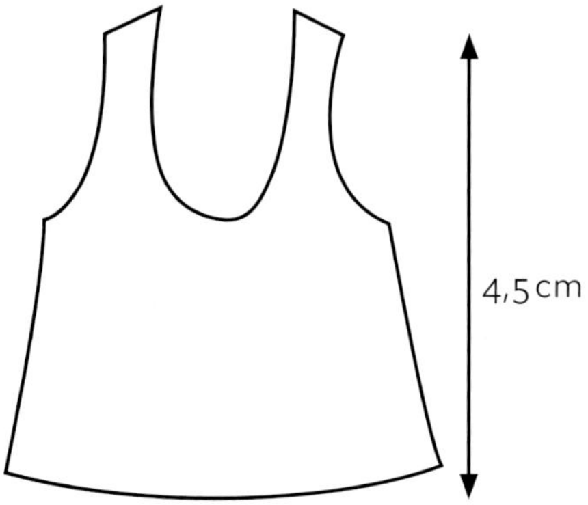

4,5 cm

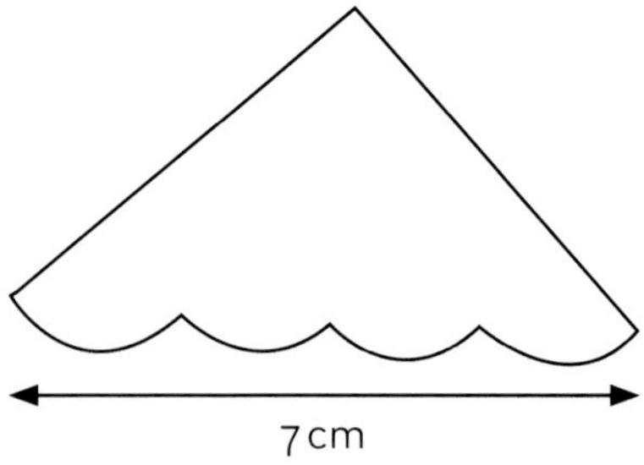

7 cm

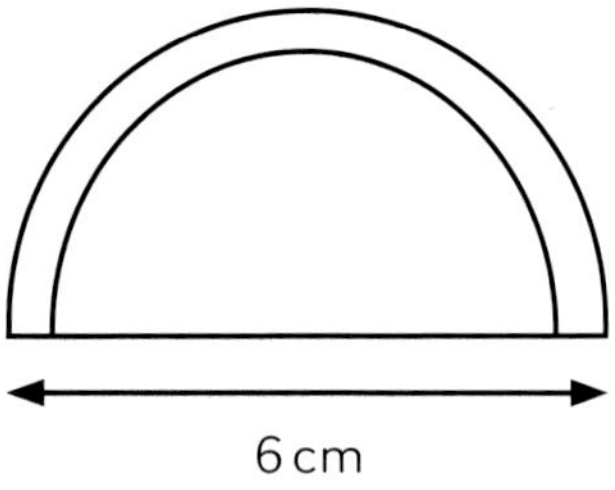

6 cm

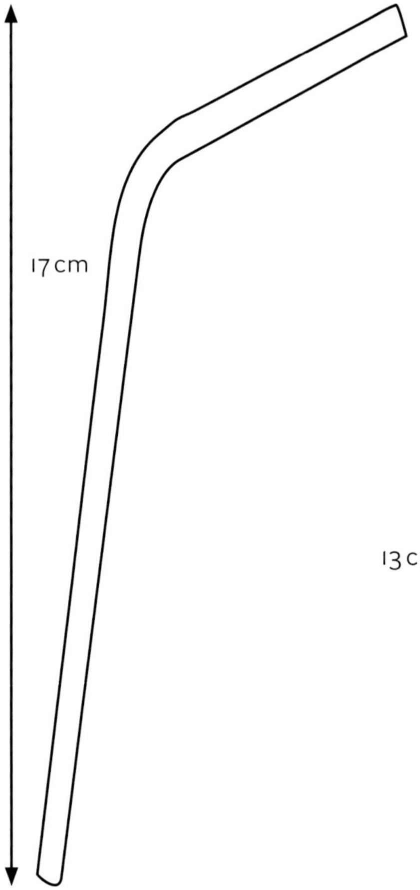

17 cm

SCHUH
Für die Schuh-Einladung, S. 8

Um 150 % vergrößern

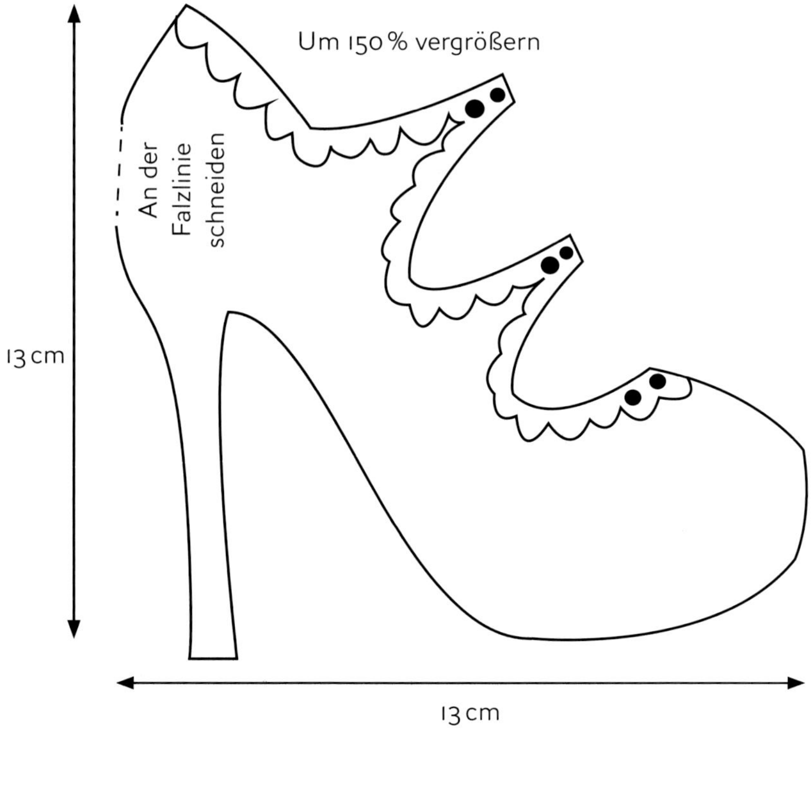

An der Falzlinie schneiden

13 cm

13 cm

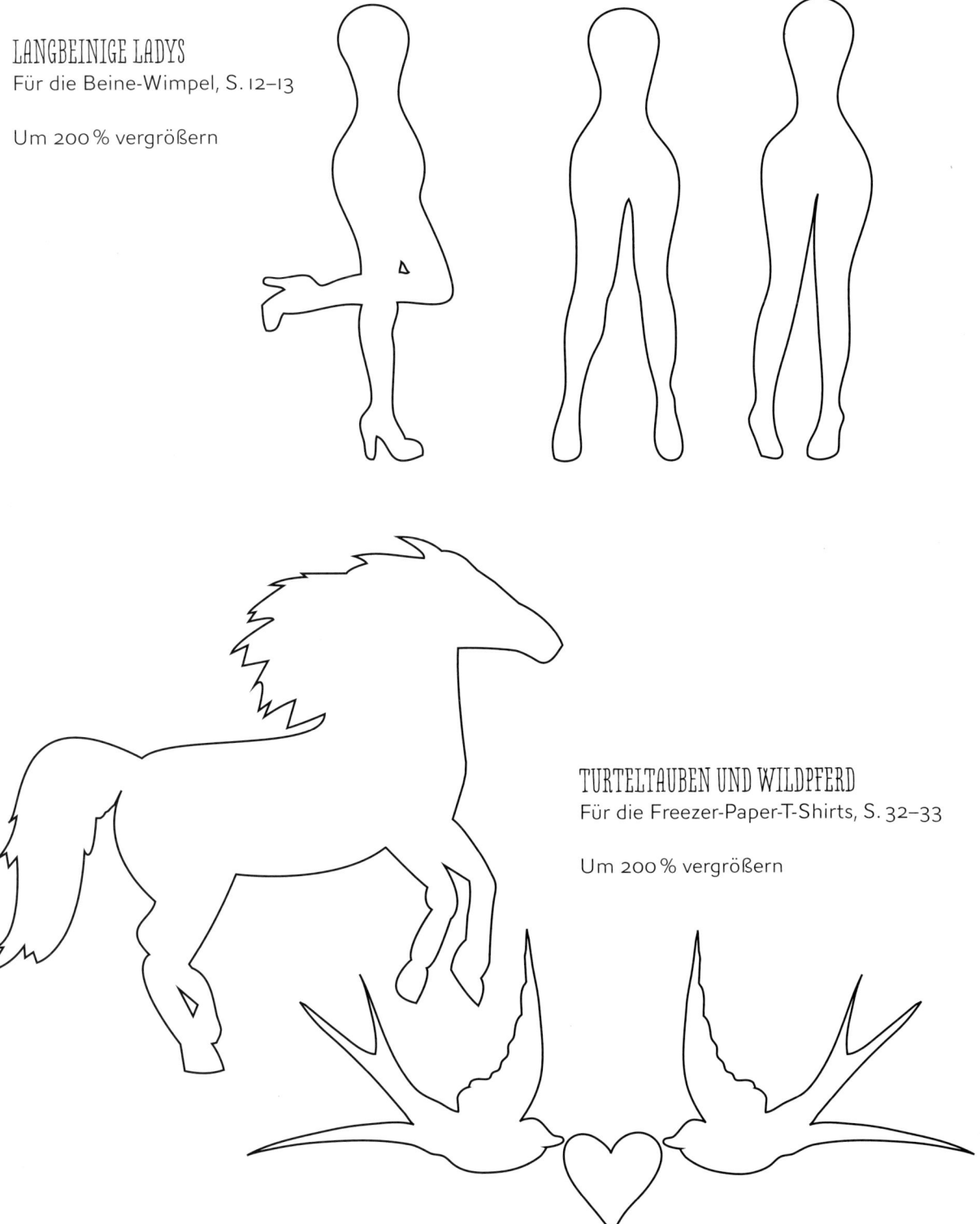

LANGBEINIGE LADYS
Für die Beine-Wimpel, S. 12–13

Um 200 % vergrößern

TURTELTAUBEN UND WILDPFERD
Für die Freezer-Paper-T-Shirts, S. 32–33

Um 200 % vergrößern

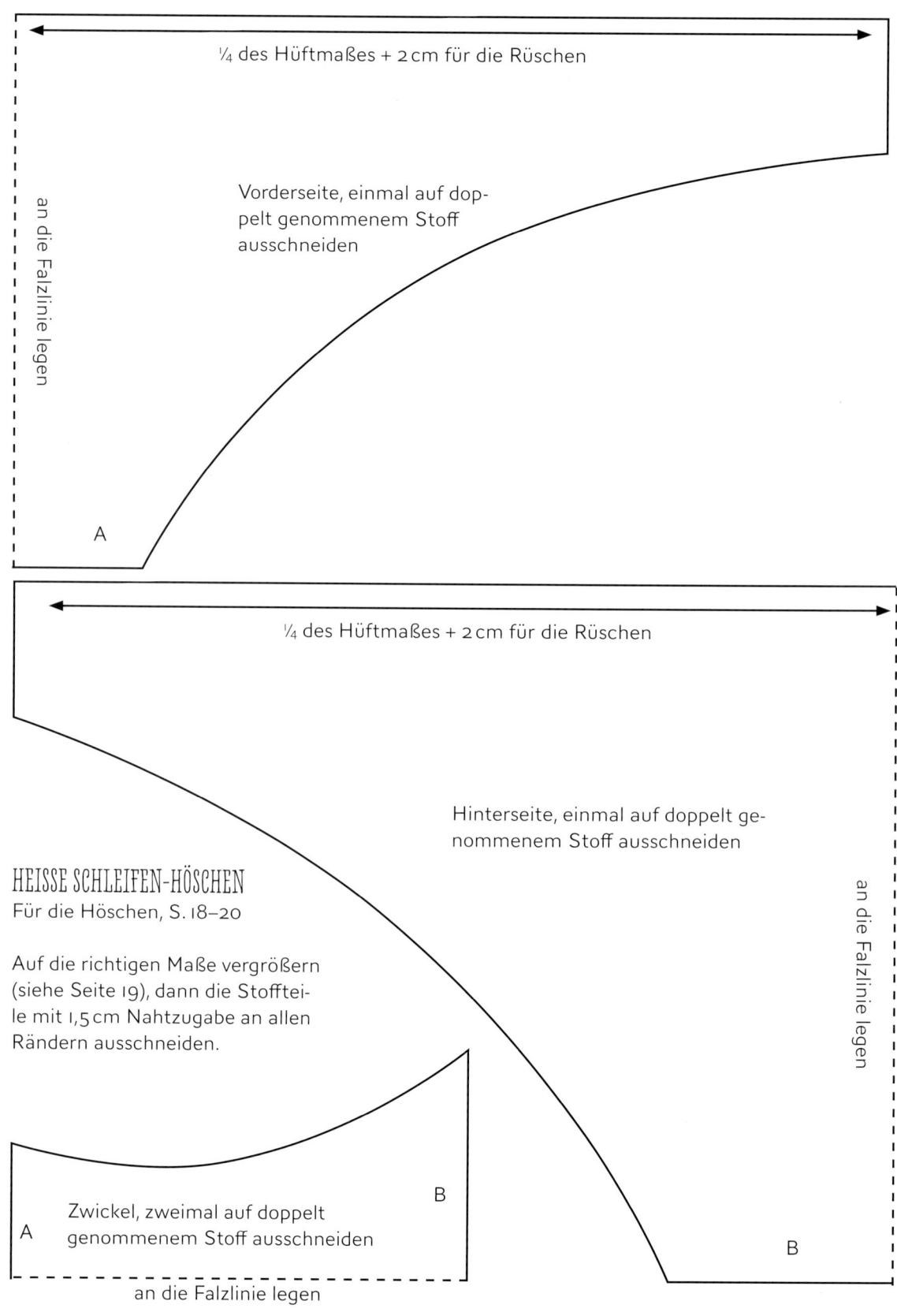

¼ des Hüftmaßes + 2 cm für die Rüschen

Vorderseite, einmal auf doppelt genommenem Stoff
ausschneiden

an die Falzlinie legen

A

¼ des Hüftmaßes + 2 cm für die Rüschen

Hinterseite, einmal auf doppelt genommenem Stoff ausschneiden

an die Falzlinie legen

HEISSE SCHLEIFEN-HÖSCHEN
Für die Höschen, S. 18–20

Auf die richtigen Maße vergrößern
(siehe Seite 19), dann die Stofftei-
le mit 1,5 cm Nahtzugabe an allen
Rändern ausschneiden.

B

Zwickel, zweimal auf doppelt
genommenem Stoff ausschneiden

A

an die Falzlinie legen

B

ZWEI ROSEN UND EIN PIN-UP-GIRL
Für das Geschirrtuch, S. 28–30

Um 150 % vergrößern

STICKVORLAGEN VOGEL, STERNE UND SCHMETTERLINGE
Für den einfachen Rock, S. 34–37

Um 120 % vergrößern

STICKVORLAGE SCHÄDELKOPF MIT ROSEN
Für den einfachen Rock, S. 34–37

REQUISITEN
Für die Fotokabine, S. 38–39

Um 400 % vergrößern

SCHNITTMUSTER CLUTCH
Für die kleine Clutch, S. 46–47

Um 200 % vergrößern

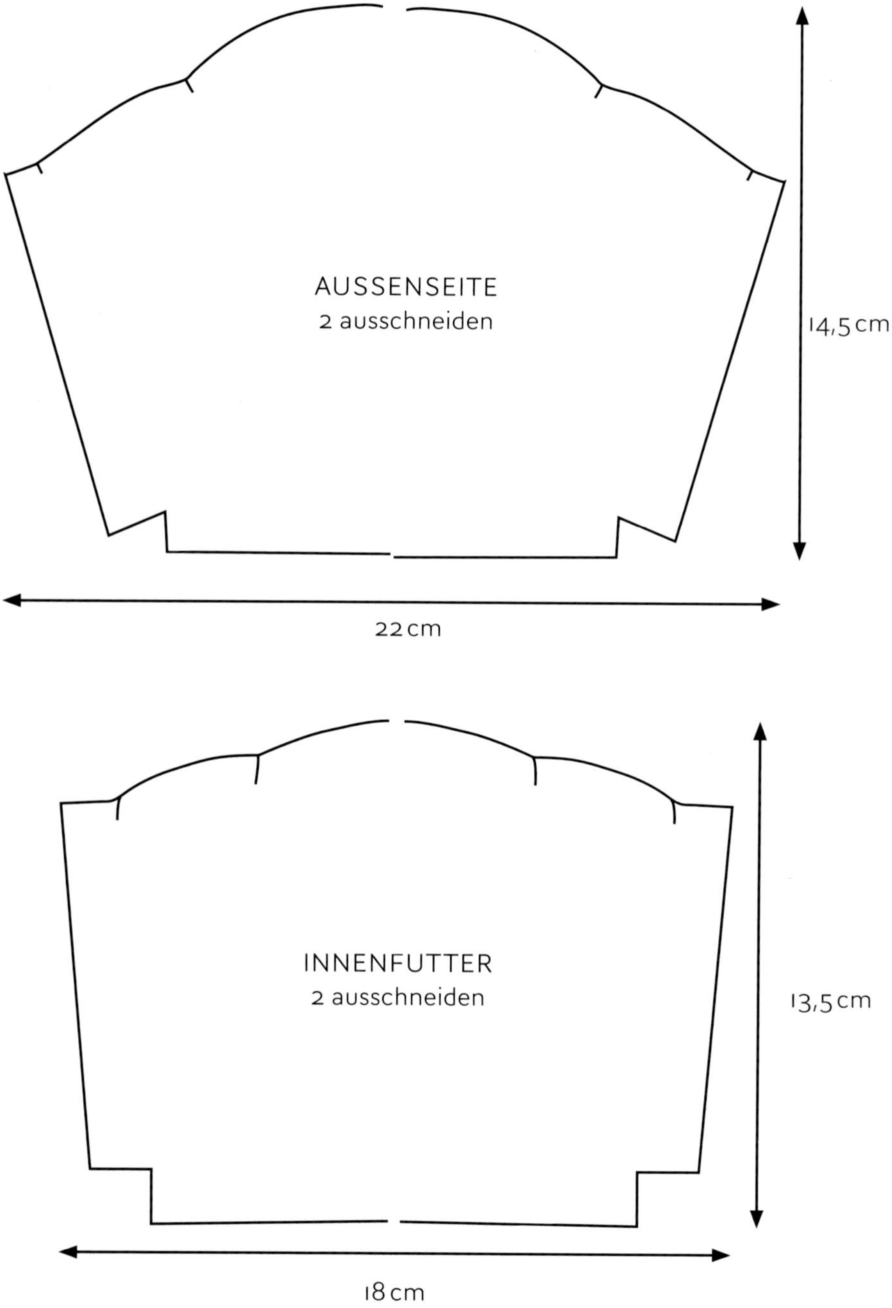

AUSSENSEITE
2 ausschneiden

14,5 cm

22 cm

INNENFUTTER
2 ausschneiden

13,5 cm

18 cm

ARME UND BEINE
Für die Mini-Me-Puppe, S. 48–51

Um 220 % vergrößern

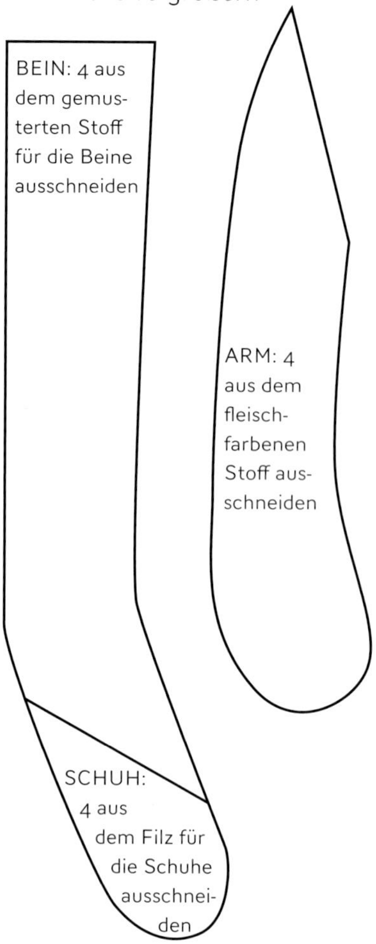

BEIN: 4 aus dem gemusterten Stoff für die Beine ausschneiden

ARM: 4 aus dem fleischfarbenen Stoff ausschneiden

SCHUH: 4 aus dem Filz für die Schuhe ausschneiden

HAAR, KOPF UND RUMPF
Für die Mini-me-Puppe, S. 48–51

Um 220 % vergrößern

HAAR:
1 aus dem
Filz fürs Haar
ausschneiden

HINTERKOPF:
1 aus dem Filz fürs
Haar und 1 aus dem
fleischfarbenen
Stoff ausschneiden

KRAGEN: 2 aus dem
Filz für die Kragen
ausschneiden

RUMPF:
2 aus dem
Stoff für
den Rumpf
ausschneiden

SCHUH-, SCHLEIFEN- UND
SCHMETTERLING-SILHOUETTEN
Für den Silhouetten-Lampenschirm, S. 54–55

Um 200 % vergrößern (oder in verschiedenen
Größen)

MASKE
Für Maske, S. 68–69

Um 220 % vergrößern

20 cm

28 cm

LANGBEINIGE TORTENFIGUR
Für die Torte, S. 130–131

Register

Impressum

Alle in diesem Buch veröffentlichten Abbildungen sind urheberrechtlich geschützt und dürfen nur mit ausdrücklicher schriftlicher Genehmigung des Verlags gewerblich genutzt werden. Eine Vervielfältigung oder Verbreitung der Inhalte des Buches ist untersagt und wird zivil- und strafrechtlich verfolgt. Das gilt insbesondere für Vervielfältigungen, Übersetzungen, Mikroverfilmungen und die Einspeicherung und Verarbeitung in Elektronischen Systemen.

Die im Buch veröffentlichten Aussagen und Ratschläge wurden von Verfasser und Verlag sorgfältig erarbeitet und geprüft. Eine Garantie für das Gelingen kann jedoch nicht übernommen werden, ebenso ist die Haftung des Verfassers bzw. des Verlages und seiner Beauftragten für Personen-, Sach- und Vermögensschäden ausgeschlossen.

Bei der Verwendung im Unterricht ist auf dieses Buch hinzuweisen.

EIN BUCH DER EDITION MICHAEL FISCHER

1. Auflage 2013

Alle Rechte der deutschsprachigen Ausgabe bei
© 2013 Edition Michael Fischer GmbH, Igling
Copyright © 2013 Quadrille Publishing

Erstveröffentlicht bei Quadrille Publishing Ltd., London

Titel der Originalausgabe: Girls Night In

Aus dem Englischen übertragen von Heike Fröhlich
Gesamtherstellung: Markus Kieninger, Daniel Besold, Claudia Weyh

Printed in China

ISBN: 978-3-86355-151-3

www.editionfischer.de

Für noch mehr Partyideen:

ISBN: 978-3-86355-156-8

ISBN: 978-3-86355-177-8

ISBN: 978-3-86355-173-5

www.editionfischer.de

DANKSAGUNG

Allen Frauen, die am Entstehen dieses Buchs mitgewirkt haben – Rebecca, Flora, Rachael, Jessica, Alison (Carl) und Salma – tausend Dank, dass Ihr meine Supermodels wart und noch mal danke für den wertvollen Input zu unserer Diskussion über die 20 allerbesten Mädelsfilme. Verity, danke für die wundervollen Fotos, Deinen herzerwärmenden Humor und Deine Kult gewordenen Kommentare beim Kochen („Ich sollte wirklich nicht …, ach, aber es ist guuuut!") – immer gerne wieder! Tiffany, lieben Dank für die wundervollen Bilder, die Mädels haben etwas Tolles zum Aufheben. Claire, Louise, Lisa und Jane, danke, dass Ihr mir den Weg aufgezeigt habt und mich bei meiner Reise begleitet. Eure Unterstützung bedeutet mir so viel. Fiona, Du warst eine fantastische Make-up-Künstlerin und eine großartige Freundin. Lucy, Deine Naildesigns haben uns alle angefixt. Danke dafür! Danke an Carol und Paul, dass wir Euer Haus zum Fotografieren nutzen durften. An meinen Design-Guru Christine. An Mama für das gut gehütete Geheimrezept für den Kalten Hund deluxe, an Brendan, mein Hausbärchen, der die ganzen Shootings bei uns daheim ohne ein Murren hinnimmt.

GOODIE BAG

Nein, die gibt es nicht nur für Kinder!
Jedes Ihrer Mädels freut sich, sein
Kreativprojekt, einen oder zwei
Cupcakes und vielleicht ein lustiges
Foto mit einem Moustache mit nach
Hause zu nehmen. Egal, was Sie Ihren
Gästen mitgeben, Sie können sicher
sein, dass Sie Erinnerungen an einen
wunderbaren Abend mitnehmen.
Bleibt nur noch zu klären, wer als
nächste die Gastgeberin für den
Mädelsabend ist!